HARMONIZAÇÃO

o livro definitivo do casamento do VINHO com a COMIDA

EUCLIDES PENEDO BORGES
da Associação Brasileira de Sommeliers

do mesmo autor de
ABC Ilustrado da Vinha e do Vinho
110 Curiosidades sobre o Mundo dos Vinhos
O Fantástico Mundo dos Vinhos

HARMONIZAÇÃO
o livro definitivo do casamento do VINHO com a COMIDA

Prefácio
Celio Alzer

Mauad X

Copyright© by Euclides Penedo Borges, 2007.
Atualização ortográfica, 2015

Direitos desta edição reservados à MAUAD Editora Ltda.
Rua Joaquim Silva, 98, 5º andar - Lapa
CEP 20241-110 Rio de Janeiro - RJ
tel. (21) 3479 7422 / (21) 97675-1026
www.mauad.com.br

Projeto Gráfico e Capa:
Paula Tavares

Foto do autor na Quarta Capa:
Claudia Tavares

CIP-BRASIL. CATALOGAÇÃO-NA-FONTE - SINDICATO NACIONAL DOS EDITORES DE LIVROS, RJ

B73h

Borges, Euclides Penedo, 1939-
    Harmonização: o livro definitivo do casamento do vinho com a comida / Euclides Penedo Borges; prefácio Celio Alzer. - Rio de Janeiro: Mauad X, 2007.

    Apêndice
    Inclui bibliografia
    ISBN 978-85-7478-230-0

1. Vinho e vinificação. 2. Culinária. I. Título.

07-2570.

CDD: 641.872
CDU: 641.87:663.2:641.5

*Em memória de meu pai, o médico José Leão Borges,
que me ensinou o respeito pelas refeições à mesa.*

Sumário

PREFÁCIO 9
APRESENTAÇÃO 11
NOTAS INTRODUTÓRIAS 12

primeira parte | A TEORIA DA HARMONIZAÇÃO

capítulo 1 . A Comida 19
capítulo 2 . O Vinho 26
capítulo 3 . A Harmonização 35
capítulo 4 . Explicando as Combinações Clássicas 50

segunda parte | A PRÁTICA DA HARMONIZAÇÃO

capítulo 5 . Influências sobre a Harmonização na prática 63
capítulo 6 . Escolhendo o Vinho 84
capítulo 7 . Escolhendo a Comida 101
capítulo 8 . Harmonizando com Brancos, Rosados e Tintos 113

terceira parte | CASOS PARTICULARES

capítulo 9 . Queijos e Vinhos 133
capítulo 10 . Doces e Vinhos 144
capítulo 11 . Outros Pratos, Cozin..has Exóticas, Combinações 153
capítulo 12 . Afinidades 162

quarta parte | A DINÂMICA DA HARMONIZAÇÃO

capítulo 13 . A Sequência de Comidas e Vinhos 169
capítulo 14 . Organizando a Refeição 172

apêndice | GLOSSÁRIO DE COMIDAS 183

BIBLIOGRAFIA 190

Prefácio

(Como no cinema)

A câmera passeia pela sala de um restaurante e vai fechando sobre uma mesa ocupada por dois homens. Estou jantando no Rio com o diretor de uma casa vinícola argentina. Depois de passar os olhos pelo restaurante, o argentino me confidencia:

– Bebemos mais vinho do que vocês, mas vocês bebem melhor do que nós.

A declaração é motivada por uma cena que se desenrola na mesa ao lado. Enquanto é servido, o cliente examina o vinho e faz comentários e perguntas ao sommelier sobre a comida, sobre o vinho e sobre a combinação da bebida com o prato sugerido, demonstrando não só interesse por tudo, como boa dose de conhecimento.

"Flashback": vinte anos antes.

A última preocupação de quem vai a um restaurante, nessa época, é de combinar o prato pedido com um vinho... se é que se pede vinho. Pudera! Tirando meia dúzia de vinhos portugueses e uns dois ou três italianos e franceses, não há nada que justifique pedir vinho. Brasileiro, então, nem pensar! Os tempos são do uísque e da coca-cola.

Fim do "flashback".
Câmera enquadra homem divagando em primeiro plano.

Em francês e em espanhol, a mesma palavra usada para casamento é empregada para designar a harmonização entre o vinho e a comida: "marriage", "maridaje". Tem sentido, não? Afinal, um dos segredos de um casamento feliz é o equilíbrio de forças: um não deve preponderar de forma absoluta ou impor a sua posição, enquanto o outro se submete.

Sem querer assumir o papel de conselheiro matrimonial – até porque, nesse particular, a vida mostrou que não sou um especialista –, parece-me que casamento é mais do que isso. Respeito pelas características e opiniões do outro? Certamente, mas ainda é pouco. Na verdade, o que pode fazer um casamento se firmar é o ato de valorizar e exaltar as qualidades do parceiro. Resulta daí uma união sólida, baseada na complementação.

Se hoje temos ótimas cartas de vinhos nos restaurantes, se já aprendemos a respeitar o vinho e a valorizar o casamento do vinho com a comida, então também já estamos maduros para apreciar uma obra como esta do professor Euclides Penedo Borges, meu companheiro de ABS.

O que mais me chamou a atenção nela, além do rigor técnico e da disciplina exigidos por um trabalho desta envergadura – o que, aliás, Euclides já demonstrou dominar em seus outros livros –, é a existência aqui de um caráter utilitário. Isso faz da obra, ao mesmo tempo, um tratado técnico e um manual, uma obra duradoura e uma revista, um volume para enobrecer a biblioteca ou para manchar de vinho, na prática diária.

Feliz do autor que consegue atingir tantos objetivos em um só livro. E feliz de quem pode ter, ao alcance da mão, um auxiliar tão competente.

Fim.

PS – As expressões cinematográficas são uma homenagem ao autor deste livro que, além de dominar os princípios da harmonização, passeia também com desenvoltura pelos segredos da Sétima Arte.

Desejo que vocês tenham com esta obra a mesma relação que se tem com um belo filme que se adquire em DVD para se ter sempre à disposição, seja para ver de novo, seja para lembrar as melhores cenas ou consultar.

Celio Alzer
consultor de vinhos, professor da ABS Rio

Apresentação

Coordenando cursos de harmonização ou organizando refeições harmonizadas, tenho observado as reações dos participantes face às combinações sugeridas. Não passam de reações subjetivas que se dispersam em elogios ou críticas intuitivas.

Isso não acontece com os aficionados do vinho, em separado, ou de charutos ou cachaça, que estão, em geral, preparados para comentar com conhecimento. Reconhecer essa lacuna e cobri-la foi uma razão para que me dedicasse a este trabalho.

Outro motivo tem sido o interesse de alunos e conhecidos meus em dispor de um texto em linguagem acessível que encerre conceitos abrangentes, com exemplos aplicáveis em casos semelhantes.

E há os que pretendem viajar dispondo de um manual sobre vinhos e comidas internacionais, assim como os sommeliers que desejam participar de concursos nacionais e internacionais, enriquecendo o seu currículo.

Profissionais e amadores requerem uma publicação brasileira, complementando apostilas e folhetos, como alternativa a livros estrangeiros, em que o idioma, as traduções ou as adequações dificultam o entendimento.

Finalmente, não me passa despercebida a afirmação de que não há princípios nem regras na combinação de vinhos com comidas. Além de desencorajar principiantes e frustrar iniciados, isso não leva a nada. Ao considerar a harmonização como uma matéria com o seu corpo de doutrina próprio, coloco-me em posição diferente.

Trata-se de um conjunto de princípios flexível, é verdade, pois tem como instrumento o uso dos sentidos e, como fim, o prazer individual, com toda a carga de subjetividade que tais conceitos sustentam. Mas é também um conjunto lógico e coerente, de forma que só deveriam afastar-se dele aqueles que, já o dominando sobejamente, estejam dispostos a arriscar-se em nome da inovação ou da moda.

Euclides Penedo Borges

Notas Introdutórias

Comidas, vinhos e suas combinações formam um universo de tal forma abrangente que se torna indispensável delinear os limites deste trabalho antes de abordar o seu tema central. A utilidade e a flexibilidade das regras também merecem comentários, ao lado de outras considerações preliminares.

OBJETO E LIMITES

Há pessoas que, indagadas sobre o que preferem no almoço, respondem simplesmente: – Comida.

Mas também há aquelas que, tendo condições para isso, querem se alimentar de forma prazerosa e procuram o entrosamento entre as fases sólida e líquida da refeição, em particular, entre a comida e o vinho.

Esse entrosamento é alcançado quando o sabor da comida e o gosto da bebida se fundem em harmonia. O êxito em alcançar tal condição não resulta obrigatoriamente de tentativas ao acaso, podendo se pautar em um conjunto de princípios, regras e diretrizes flexíveis.

Passar tais conhecimentos para iniciantes e ordená-los para iniciados, ilustrando-os com exemplos, é o propósito deste trabalho, um misto de tratado resumido e manual de consulta.

Não fazem parte do mesmo o fornecimento de receitas ou o preparo dos pratos. Nem os detalhes sobre a uva, a fermentação e os vinhos, descritos pelo autor em seu *ABC Ilustrado da Vinha e do Vinho*.

CLAREZA E EXATIDÃO

Na escolha do vinho ou da comida pretende-se valorizar o conjunto através de um ajuste entre seus atributos. Isso não é intuitivo. Para se conseguir tal façanha deve-se, inicialmente, conhecer:

- o tipo e o estilo do vinho, assim como o seu aspecto, odor e gosto;
- os ingredientes e o preparo da comida, assim como o seu aspecto, odor e gosto;
- os elementos de um que acentuam ou atenuam as sensações do outro.

Em seguida, cotejar os elementos de um com os do outro e ajustá-los. Colocado dessa forma, o casamento cerca-se de clareza e exatidão, diferentemente do *"qualquer coisa serve, você é quem decide".*

AS QUESTÕES A RESPONDER

A teoria da harmonização procura responder a estas três questões básicas:

1 • *Dado certo vinho, qual o tipo de comida que melhor se casa com ele?*
Por exemplo: *se dispomos de um tinto da Cabernet Sauvignon, que tipo de carne seria condizente? A resposta clássica é um assado de cordeiro. Vamos detalhar a razão dessa resposta.*

2 • *Dada certa comida, qual o tipo de vinho que melhor se casa com ela?*
Por exemplo: *se dispomos de um queijo de cabra, que vinho deveríamos escolher para acompanhá-lo? A resposta clássica é um branco seco da Sauvignon Blanc. Procuraremos detalhar o porquê dessa resposta.*

3 • *Dados um vinho e uma comida, eles estão em harmonia?*
Por exemplo: *dispomos de um vinho branco seco da uva Sauvignon Blanc e de um cordeiro assado, suculento e condimentado. O casamento entre os dois é feliz? Faremos uma análise baseada na teoria da harmonização e responderemos que não, indicando as razões da resposta.*

Nos três casos, abrimos caminho para que indagações semelhantes possam ser igualmente respondidas. Muito além dessas questões, entretanto, abordaremos outros temas e casos especiais; por exemplo, os casamentos clássicos, as combinações regionais, a relação dos queijos e dos doces com os vinhos, a cozinha oriental e a sequência de pratos e bebidas numa refeição impecável.

A UTILIDADE DAS REGRAS

Grande número de pratos diferentes preenche os cardápios e os livros de receitas e é objeto de preparo por cozinheiros em todo o mundo.

Também extensa é a lista dos vinhos das cartas e catálogos em seus diferentes tipos e estilos.

Por outro lado, de quando em vez são lançados novos pratos ou reformulados os tradicionais, ao mesmo tempo que surgem novos exemplares no mundo dos vinhos, instável e extenso como uma coleção de selos.

Evidenciam-se assim a complexidade do nosso tema e a necessidade de se dispor de diretrizes que independam de novidades e modismos.

Tanto em relação a pratos e vinhos conhecidos quanto a inovações pode-se tirar um ótimo proveito do casamento entre eles, conhecendo e aplicando os princípios e regras indicados nos capítulos que se seguem.

A FLEXIBILIDADE DAS REGRAS

A opinião de que não há princípios ou diretrizes regendo a harmonização, que é cada um para si, de que nada existe de errado em qualquer parceria entre pratos e vinhos, além de equivocada, é desencorajadora e frustrante. Alguns autores assim se expressam, mas felizmente corrigem-se a seguir.

Explica-se. A harmonização baseia-se no tripé equilíbrio, harmonia e realce. Enquanto o primeiro tem caráter objetivo, a harmonia é subjetiva em parte e o realce tem muito de subjetivo. As parcelas de subjetividade podem levar ao pouco caso.

O inglês Hugh Johnson diz que "não existem normas para saber que vinhos correspondem a cada tipo de comida". Mas nos surpreende com centenas de combinações, certamente suportadas por certa lógica. O americano Ed McCarthy, após afirmar: "Não há dúvidas, as regras não existem!", passa a citar uma série casamentos que guardam uma lógica entre si.

O primeiro capítulo do guia de Joana Simon chama-se "Regras e como quebrá-las", diminuindo a força dos ensinamentos que se seguem. Mas no resto do seu livro, belo e instrutivo por sinal, encontram-se inúmeros exemplos úteis.

A parcela de subjetividade do tema sugere que a aplicação dos princípios seja flexível. Acontece que nem todos exigem o que há de melhor, contentando-se com o que é regular ou mesmo medíocre. Nesse caso, sim, os princípios não são apenas flexíveis. São também inúteis.

TRADIÇÃO E MODERNIDADE

Houve tempo em que, não existindo as facilidades de comunicação atuais, as regras eram bem simples. Morando em regiões vinícolas, bastava combinar os vinhos regionais com as comidas locais. Morando longe delas, jerez ou espumante no início, carnes brancas com vinhos brancos, carnes vermelhas com tintos, vinho do porto no fim.

Não é mais assim nem mesmo nas churrascarias, com seus bufês coloridos. Os *gourmets* do passado ficariam surpresos, tanto com as iguarias que se servem na atualidade – *fusión*, thai, oriental, agridoce – quanto com os vinhos sugeridos. É que pratos e bebidas voam agora para lá e para cá, fazem estágio fora da região de origem e são adaptados ao sabor local.

Nesse contexto de intercâmbio e conhecimento globalizado, a enogastronomia requer conceitos gerais que auxiliem o interessado no ajuste de vinhos de várias origens com comidas de qualquer região.

primeira parte

A TEORIA DA HARMONIZAÇÃO

Existem razões simples pelas quais certos vinhos ajustam-se a certos pratos. A primeira refere-se a atributos similares que os dois ostentam, como a estrutura – corpo do vinho versus peso da comida – e as sensações – gosto do vinho versus gosto da comida.

Uma segunda vem da possibilidade comprovada de os dois agirem em sinergia, melhorando-se mutuamnte.

Uma terceira razão é a tipicidade. Não há por que acompanhar comidas caseiras simples com grandes vinhos sofisticados nem pratos refinados e caros com vinhos rústicos.

Vem a seguir a questão do regionalismo. Iguarias de certa região vinícola adequaram-se durante tanto tempo aos vinhos locais que hoje os dois se entendem às maravilhas.

Existem, finalmente, associações psicológicas que indicam se um bom casamento é possível. Uma delas é a predisposição de casar comidas de pouca cor com vinhos brancos e de combinar carnes vermelhas e molhos escuros com vinhos tintos. A posteriori verifica-se que tais associações têm lá seu fundamento:

• A insalivação provocada pela acidez dos vinhos brancos coaduna-se com a falta de suculência das carnes brancas.

• A secura provocada pelos taninos dos tintos compõe-se com a suculência das carnes vermelhas.

A intensidade dos sabores também é objeto de associações: o sabor discreto de verduras e legumes, peixes e queijos frescos faz pensar em brancos leves, enquanto que os pratos de carne escura, gordurosa, nos inclinam para tintos encorpados.

A análise, o aprofundamento e a ordenação dos pontos acima deram lugar aos princípios que regem o casamento do vinho com a comida. Nesta primeira parte, vamos nos dedicar, separadamente, aos parceiros e, em seguida, à sua união.

～ capítulo 1

A Comida

Vida pressupõe pulsação contínua, o que se dá com desgaste de matéria e energia. Por um impulso natural queremos manter-nos vivos por tanto tempo quanto possível e, para isso, temos que repor regularmente aquele desgaste. As substâncias capazes de repor a matéria e a energia, gastas na atividade vital, são chamadas **alimentos**. A assimilação dos alimentos dá-se pela digestão, processo que tem início com a mastigação. Nesse momento tem lugar o **prazer à mesa**.

A manutenção da vida exige, assim, a assimilação de alimentos. No dia a dia, eles apresentam-se sob a forma de **produtos alimentícios** encontráveis em armazéns, lojas, mercados, feiras, etc, em hortas, pomares e quintais. Preparados para o consumo humano, tais produtos constituem as **Comidas, Iguarias** ou **Pratos**.

DEFINIÇÃO E CLASSIFICAÇÃO

Para merecer o nome de comida, os preparados devem ter capacidade de saciar a fome, proporcionando uma sensação de plenitude gástrica. Além disso, eles devem ser assimiláveis pelo organismo e ter:

- conteúdo nutritivo, dado pelas substâncias que os compõem;
- apetibilidade, despertando e intensificando a vontade de comer.

Formando ou recompondo tecidos, fornecendo energia, regulando a assimilação ou estimulando a fome, os alimentos pertencem a uma das classes seguintes:

Alimentos Protéicos, portadores das proteínas, dão plasticidade ao corpo e recompõem os tecidos. Estão presentes em ovos, leite, queijos e carnes.

Alimentos Energéticos, portadores de carboidratos e lipídios, fornecem energia ao organismo e protegem-no contra o frio. Presentes nos pães e nas massas, no arroz e no açúcar, em óleos e azeites.

Alimentos Reguladores, portadores de vitaminas, auxiliam a assimilação dos nutrientes. Sem eles, as reações orgânicas não se realizam corretamente. Presentes em frutas, verduras e legumes.

Alimentos Estimulantes favorecem a digestão, contribuindo para a assimilação dos nutrientes. Ingeridos em geral após as refeições, encontram-se no café, no chá, no chocolate...

Os Condimentos, finalmente, estimulam o olfato, abrem o apetite e intensificam a secreção de suco gástrico, facilitando a digestão. Incluem-se os sais, as ervas, as plantas aromáticas e as especiarias.

ᔰ *Leitura Complementar: a composição dos alimentos*

Entre os componentes intrínsecos dos alimentos, incluem-se Proteínas, Carboidratos, Lipídios, Vitaminas e Elementos ou Sais Minerais:

*• as **Proteínas** compõem e recompõem os tecidos, desenvolvendo a massa muscular. Tornam-se assimiláveis pela digestão;*

*• os **Carboidratos** ou **Açúcares** são repositórios de energia. Os açúcares simples (glicídios) são de fácil assimilação, passando diretamente ao sangue. Os açúcares complexos (sacarídeos) tornam-se assimiláveis por ação enzimática nos intestinos, após o processo digestivo;*

*• os **Lipídios**, óleos e gorduras, também são energéticos. Propiciam proteção contra o frio. Fornecem energia ao organismo ao serem queimados no fígado;*

*• as **Vitaminas** possibilitam as reações orgânicas por sua atuação catalisadora. A falta delas é fonte de enfermidades e carências (anemia, escorbuto, beribéri, carência imunológica, coagulação difícil etc.).*

• os **Elementos Minerais**, além de reguladores das reações orgânicas, têm funções específicas, como, por exemplo:
Cálcio – na formação óssea, no fortalecimento e proteção dos ossos
Ferro – na formação dos glóbulos vermelhos do sangue
Fósforo – no funcionamento do cérebro
Potássio – no combate à fadiga

• os **Sais Minerais**, entre eles o sal de cozinha, são reguladores da ação das enzimas, da ossificação, da pressão osmótica e da relação entre ácidos e bases no organismo, influindo na pressão arterial.
Desses componentes emanam a cor, os aromas e o gosto da comida.

Passemos então a evidenciar as propriedades das comidas que têm correspondência nos vinhos, a saber:

• sua estrutura ou peso;
• as sensações proporcionadas ao olfato, ao paladar e ao tato;
• as possibilidades de realçar o gosto da bebida.

ESTRUTURA: O PESO DA COMIDA

De acordo com os ingredientes que as constituem e com o modo de preparo, as comidas transmitem à boca uma sensação de plenitude mais ou menos intensa e apresentam maior ou menor facilidade de digestão.

É a consequência de seu peso, no qual influem o teor em gorduras, a presença de fibras, a dificuldade na mastigação e a condimentação ou força do tempero. Sob esse aspecto, as comidas podem ser leves, de médio peso ou pesadas.

Comidas Leves – Dão a sensação de pouco peso na boca, são facilmente mastigáveis, pouco condimentadas e rapidamente digeridas. Incluem-se saladas e legumes, sopas simples e *consomés*, suflês e massas, arroz branco e batatas cozidas, camarão no vapor, peixes de carne branca, peito de aves, queijo frescal, frutas frescas, cremes doces.

Comidas de Médio Peso – Dão a sensação de certo peso e de razoável preenchimento da boca. Sua digestão é algo mais difícil e demorada. Incluem-se sopas fortes e cremosas, ostras, patês pouco picantes, fritadas quentes, feijão caseiro, carne de aves, ovos, vitela e bacalhau. Também, pizzas, massas com molho branco ou com frutos do mar, moluscos, peixes gordurosos e crustáceos, queijo prato, doces com chocolate.

Comidas Pesadas – Provocam uma sensação de peso e plenitude na boca, às vezes com mastigação repetida, de digestão difícil e prolongada. Incluem-se feijoadas, aves de carne escura, pato, galinha d'angola, carnes vermelhas assadas, de caça, de javali, carnes gordurosas temperadas de sabor acentuado. Também, cabrito, carneiro ou cordeiro, carne de porco com molhos fortes, massas com molho de cogumelos, queijos maturados de casca dura.

AS SENSAÇÕES NA COMIDA

Por conta dos componentes dos alimentos anteriormente indicados, a comida provoca na boca reações que, para fins de combinação com o vinho, podemos dividir em quatro grupos:
- nível de sabor
- condimentação
- gordurosidade
- suculência

grupo c 1 { nível de sabor

Os sabores percebidos pela língua – salgado, ácido, amargo e doce – são responsáveis pela maior ou menor intensidade do gosto da comida.

A **sensação salgada** deve-se à presença de sais minerais e orgânicos, alguns próprios da comida, como nas azeitonas; outros adicionados, como o sal de cozinha. A sensação salgada pode ser atenuada pelo sabor doce, como se percebe no pato com molho de mel, e acentuada pelo amargor, como no pato no tucupi.

A **acidez** deve-se à presença de ácidos orgânicos na comida, como o ácido acético do vinagre e o ácido oxálico do tomate. Devido à sua agressividade, a acidez de certos componentes deve sempre ser atenuada ou equilibrada por outros componentes da comida ou pela bebida que a acompanham. A sensação ácida pode ser atenuada por substâncias doces; por exemplo, quando se adiciona açúcar à limonada.

O **amargor** na comida é proporcionado tanto por extratos amargos de certos vegetais – a cinarina da alcachofra, a asparagina do aspargo, o extrato do jiló – quanto por alguns condimentos, patês de fígado e carnes de caça. Persistente e desagradável quando isolado, o amargor reforça a acidez e potencializa a adstringência no paladar. O amargor pode ser atenuado pela doçura, mas é acentuado pelo sal.

A **doçura** deve-se à presença de ingredientes doces como o mel e os açúcares na comida. O sabor doce atenua o amargor e a acidez.

grupo c 2 { condimentação

Sob este título abrigam-se a intensidade e a persistência dos aromas, a presença de condimentos ou temperos e a persistência dos aromas e sabores após a ingestão.

A **aromaticidade** ou intensidade aromática é uma reação olfativa, direta ou retronasal, aos odores do prato, particularmente sensível quando devida à adição de ervas como alecrim, tomilho, açafrão e orégano.

A **condimentação** reflete a intensidade dos temperos em que entram especiarias (como pimenta, cravo, canela, noz moscada) e ervas (tomilho, açafrão...) que lhe acrescentam sabor, em geral, picante.

A **persistência gusto-olfativa** refere-se ao tempo de permanência do odor e do gosto da comida após a ingestão. Ele será tanto maior quanto mais aromático e condimentado for o prato.

grupo c 3 { gordurosidade

Consideram-se aqui o teor em gordura propriamente dito e o gosto adocicado das gorduras.

A **gordurosidade** do prato reflete a quantidade de gordura nas carnes, molhos e outros ingredientes. Em geral, a gordura não é aparente, como nos camarões e nas lagostas, em certas partes da carne de porco e das caças.

Uma tendência à **doçura,** nítida em lagostas e camarões, surge nas carnes gordurosas em consequência do adocicado da gordura animal.

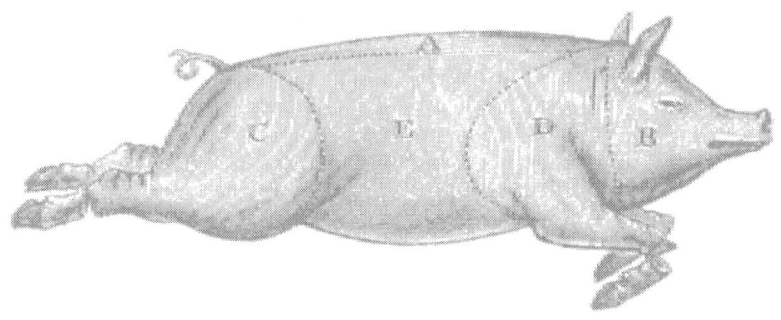

grupo c 4 { suculência

Reflete a presença de ingredientes líquidos, bem como a untuosidade da gordura derretida.

A **suculência** deve-se à presença de líquidos como sangue, molhos, óleos, azeite, vinagre etc. na comida.

A **untuosidade** provém da presença de gordura aparente, sensível ao tato, ou de manteiga derretida.

Na prática da harmonização, as sensações acima são cotejadas com os grupos de sensações correspondentes no vinho.

POSSIBILIDADE DE REALÇAR O VINHO

O conhecimento dos ingredientes e do modo de preparo de certo prato nos permite prever situações em que este prato enriquece o vinho que o acompanha, cobrindo carências aromáticas ou gustativas, acentuando ou atenuando suas propriedades.

Comidas condimentadas e aromáticas completam vinhos de boa estrutura, mas pobres em aromas.

Um prato gorduroso pode ajustar a acidez de um vinho branco jovem; uma iguaria saborosa e condimentada exalta a maciez de um tinto envelhecido.

RESUMO DO CAPÍTULO 1

Os alimentos são encontrados na prática sob a forma de produtos alimentícios. Devidamente preparados, eles formam as comidas, que devem ser apetitosas, digeríveis, nutritivas e ter capacidade de saciedade.

Do ponto de vista de seu peso, as comidas podem ser leves, de médio peso ou pesadas.

As sensações despertadas são a intensidade do sabor, a condimentação, a gordurosidade, a suculência e a untuosidade.

Observadas certas condições, as comidas podem realçar o gosto do vinho, atenuando ou acentuando suas características.

~ capítulo 2

O Vinho

Sem complicar: vinho é a bebida alcoólica resultante da fermentação do suco de uvas maduras.

O álcool que surge na fermentação – cáustico, cálido, adocicado – é o principal responsável pelo corpo e pela maciez do vinho. À medida que surge, formam-se também gás carbônico e outros componentes, muitos deles aromáticos. O gás se dissipa e os outros componentes ajudam a formar o conjunto de aromas da bebida.

Na prática das cantinas, o suco da uva pode ser vinificado por uma entre três vias, dando lugar a vinhos brancos, rosados ou tintos.

1 • Fermentado na ausência das cascas, o suco de uva origina os **Vinhos Brancos,** que proporcionam à boca uma sensação de frescor.

Os componentes responsáveis por essa sensação são os ácidos provenientes das uvas ou formados na fermentação.

2 • Fermentado em conjunto com as cascas das uvas tintas, em tempo integral, o suco dá lugar a **Vinhos Tintos.** Das cascas são retirados os pigmentos que lhes dão cor e os taninos que provocam a sensação adstringente. Diferenciando-se dos vinhos brancos, os tintos destacam-se pela adstringência dos taninos e secundariamente pela acidez.

3 • Fermentado em conjunto com as cascas das uvas tintas em tempo parcial, o suco das uvas origina os **Vinhos Rosados,** em que se notam discretos frescor e adstringência.

Os componentes responsáveis por essas sensações são os ácidos e os taninos, aqui presentes em menor quantidade, já que, na sua elaboração, o suco é separado das cascas quando adquire a cor rósea e acaba de fermentar como se fosse um branco.

❧ Leitura Complementar: A Composição do Vinho

Do ponto de vista de sua composição, o vinho é uma solução de álcool em água com outras substâncias que lhe dão cor, aromas e gosto. Água e álcool respondem por cerca de 97% de cada litro de vinho. O restante são centenas de substâncias em quantidades mínimas, entre as quais os ácidos, os taninos e os compostos aromáticos.

*A **água** provém da polpa da uva e não é afetada pela fermentação. Insípida, inodora e incolor, sua presença no vinho é preponderante. Ao bebê-lo, o consumidor está ingerindo o líquido majoritário do seu corpo.*

*O **álcool etílico** é transparente, incolor, volátil, de odor sui generis, cáustico, de gosto doce. É tóxico quando isolado, razão pela qual a moderação deve reger o consumo da bebida. Principal responsável pelo corpo e pela maciez do vinho, o álcool está nele presente com teores entre 7% (brancos muito leves) e 20% (tintos fortificados).*

*Os **ácidos** do vinho são provenientes da uva (tartárico, málico, cítrico) e da fermentação (succínico, lático, acético). Dão suporte à longevidade da bebida e são responsáveis pela vivacidade da cor, pelo frescor dos vinhos brancos e pela sapidez dos tintos.*

*Os **taninos**, perceptíveis nos vinhos tintos ao conferirem uma sensação de secura na boca, provêm das cascas das uvas (taninos catéticos) e da madeira das barricas e tonéis (taninos gálicos). Têm papel significativo no corpo e no gosto dos vinhos tintos.*

*Os **componentes aromáticos** do vinho propiciam seus aromas (vinhos jovens) ou seu buquê (vinhos envelhecidos). Provenientes da uva, da fermentação e do período de guarda em barrica e em garrafa, essas substâncias pertencem a grupos químicos diversos, tais como:*

- *o aroma de abacaxi* .... *do Butirato de Etila, grupo éster*
- *o aroma de rosa* .... *do Geraniol, grupo terpeno*
- *o aroma de anis* .... *do Anetol, do grupo álcool*
- *o aroma de pêssego* .... *da Decalactona, do grupo cetona*
- *o aroma de couro* .... *do Cresol, do grupo fenol*
- *o aroma de baunilha* .... *da Vanilina, do grupo aldeído*

Entre os demais componentes dos vinhos, que complementam sua estrutura, merecem citação:

- *açúcares residuais e glicerina, auxiliares na maciez*
- *pigmentos, antocianas, leucoantocianas etc. responsáveis pela cor*
- *vitaminas, colina, mesoinositol etc. em quantidades mínimas.*

Os componentes citados conferem ao vinho aspecto, aromas e gosto.

Evidenciemos então as características do vinho que têm correspondência na comida, a saber:

- sua estrutura ou corpo;
- as sensações que proporciona ao olfato, ao paladar e ao tato;
- as possibilidades de realçar a comida.

ESTRUTURA: O CORPO DO VINHO

O álcool, as demais substâncias, fora a água, e as partículas dissolvidas compõem o corpo do vinho ou a sua estrutura. Ele é tanto mais encorpado quanto maior a concentração desses componentes.

A consequência na boca é uma sensação de plenitude que pode ser pouco intensa ou incompleta, de média intensidade ou muito intensa e completa. Com base nesse conceito, podemos ter vinhos leves, de bom corpo ou encorpados:

Vinhos Leves: de pouca estrutura, dão uma sensação de ligeireza, parecendo que não preenchem totalmente a boca. Apresentam teor alcoólico na faixa mais baixa (de 7 a 12%) e pouca matéria em suspensão. Uma pista aproximada para vinhos leves:

- brancos claros, límpidos, transparentes, com teores de até 11%;
- rosados claros, límpidos, com teores de até 11%;
- tintos simples, frutados, com até 12% de álcool.

Vinhos de Médio ou Bom Corpo: estruturados, dão uma sensação de razoável preenchimento na boca. Apresentam teor alcoólico na faixa intermediária (de 11 a 13%) e bastante matéria em suspensão. Uma pista aproximada para os vinhos de bom corpo:

- brancos de tom amarelo-palha escuro ou ouro claro de 11 a 12%;
- rosados de tom cereja ou salmão com álcool de 10 a 12%;
- tintos de tom rubi-escuro com 12 a 13% de álcool.

Vinhos Encorpados: de ótima estrutura, trazem uma sensação de plenitude na boca, ocupando todo o seu espaço. Apresentam teor alcoólico na faixa superior (de 12,5 a 20%), com muita matéria em suspensão. Uma pista aproximada para os vinhos encorpados:

- brancos dourados acima de 12% de álcool;
- rosados de cor cereja-escura com teores de 12,5 a 14% de álcool;
- tintos escuros com 12,5% ou mais de álcool.

Na combinação enogastronômica, é importante destacar a presença de açúcar nos vinhos, o que nos leva a separá-los em:

- secos – ausência de doçura, como no Rioja tinto e no Barolo;
- suaves – discreta doçura, como nos vinhos alemães do Mosel;
- doces – pronunciada doçura, como no Porto e no Tokaji.

❦ Leitura Complementar: Tipos de Vinhos

Devemos reconhecer a existência de 27 tipos de vinho, conforme o quadro a seguir. Não há outros e nem todos são produzidos.

Vinho Branco

seco leve	seco de bom corpo	seco encorpado
suave leve	suave de bom corpo	suave encorpado
doce leve	doce de bom corpo	doce encorpado

Secos leves: muscadet, vinhos verdes, pinot grigio, chenin, petit chablis

Secos de médio corpo: pouilly fumé, condrieu, chablis premier cru

Secos encorpados: manzanilla, montrachet, chablis grand cru

Suaves leves: riesling alemães kabinett

Suaves de bom corpo: riesling alemães spätlese

Suaves encorpados: riesling alemães auslese

Doces leves: moscatel late harvest

Doces de bom corpo: moscatel de setúbal, moscato di pantelleria

Doces encorpados: sauternes, tokaji, malmsey

Vinho Rosé

seco leve	seco de bom corpo	seco encorpado
suave leve	suave de bom corpo	suave encorpado
doce leve	doce de médio corpo	doce encorpado

Rosé seco leve: rosé de provence, rosé d'anjou, lirac rosé

Rosé seco de bom corpo: tavel rosé, champagne rosé, navarra rosado

Rosé suave leve: mateus rosé

Vinho Tinto

Seco leve	seco de bom corpo	seco encorpado
Suave leve	suave de bom corpo	suave encorpado
Doce leve	doce de bom corpo	doce encorpado

Tintos secos leves: *beaujolais, chianti, valpolicella, bardolino, grignolino*
Tintos secos de bom corpo: *cru beaujolais, chianti clássico, rioja reserva*
Tintos secos encorpados: *barbaresco, vega sicília, bairrada, pauillac*
Tintos doces de bom corpo: *banyuls, maury, rivesaltes, mavrodaphne*
Tintos doces encorpados: *porto vintage, porto ruby*

AS SENSAÇÕES NO VINHO

Conhecida a composição do vinho e seu tipo e origem, podemos antecipar algumas das sensações percebidas na degustação. A exemplo do que foi feito com as comidas, vamos agrupar as sensações nos vinhos em quatro conjuntos:

grupo v 1 { aroma

Inclui a qualidade, a intensidade e a persistência olfativa dos odores do vinho.

A **qualidade olfativa** provém da soma da complexidade – número de aromas percebidos – com a agradabilidade desses aromas.

A **intensidade olfativa** diz respeito ao ataque mais ou menos forte dos aromas na mucosa nasal e se deve às substâncias aromáticas e ao álcool, poderoso portador de odores, já que evapora facilmente.

Persistência olfativa – os segundos durante os quais o aroma permanece perceptível depois que o vinho foi afastado das narinas – reflete o seu teor alcoólico e a presença de componentes aromáticos.

grupo v 2 { maciez

Inclui a maciez propriamente dita e também a sensação de doçura de vinhos suaves e doces.

A **maciez**, ou seja, a maior ou menor facilidade com que se engole o vinho, resulta da presença de açúcares residuais, do álcool e da glicerina. Com sua doçura, essas substâncias compensam ou mascaram a acidez, o amargor e a adstringência. O extremo negativo da maciez é o vinagre, que não se consegue engolir. O extremo positivo da maciez é o vinho branco doce licoroso tipo sauternes e tokaji, redondos e cálidos, que se ingere com extrema facilidade.

A **doçura** dos vinhos de sobremesa deve-se à presença de açúcares residuais, além do álcool e da glicerina de sua composição. Devido à propriedade dessas substâncias de atenuar a sensação amarga, vinhos doces são dados como boa companhia para patês de fígado e *foie gras*.

grupo v 3 { frescor e efervescência

O frescor dos vinhos brancos e a sapidez dos tintos resultam da presença dos ácidos provenientes em parte da uva, em parte da fermentação.

O **frescor** reflete o nível de acidez. A presença ácida, predominante nos brancos, provoca insalivação na boca, seguida de uma sensação de frescor. Ela garante também a agradabilidade dos vinhos doces. Não fosse a acidez, tais bebidas seriam enjoativas. Nos tintos, os ácidos garantem a sapidez. Sem eles, a bebida perderia vivacidade, seria chata, insípida, sem graça.

A **efervescência** dos espumantes deve-se à presença de gás na bebida. Manifesta-se no copo sob a forma de bolhinhas de fácil visualização, que sobem. Ela propicia à boca uma sensação de frescor e de limpeza, interferindo convenientemente também na condição do hálito.

grupo v 4 {calidez e adstrigência

São consequências táteis da presença do álcool em todos os vinhos e de taninos nos tintos e rosados.

A **calidez** – sensação de calor que se percebe ao ingerir a bebida – deve-se à presença de álcool etílico, substância calorífica que transmite uma nuance cálida associada à doçura no setor médio da língua.

A **adstringência** ou tanicidade provém da presença de taninos, polifenóis das cascas das uvas e da madeira capazes de coagular a saliva, dando sensação de secura na boca.

POSSIBILIDADES DE REALÇAR A COMIDA

A composição do vinho e os seus atributos sensoriais apresentam condições de exaltar as qualidades da comida, acentuando-lhe algumas propriedades ou atenuando outras.

Vinhos brancos aromáticos, como Gewürztraminer, Torrontés ou Viognier, enobrecem os pratos de aromas discretos e exacerbam a aromaticidade de comidas temperadas com ervas e especiarias.

Os taninos dos tintos ajustam a suculência de certas carnes vermelhas por sua capacidade de secar a saliva.

A acidez dos brancos contorna a gordurosidade de vários pratos.

RESUMO DO CAPÍTULO 2

Vinho é a bebida alcoólica resultante da fermentação do suco de uvas maduras.

De acordo com a cor, ele pode ser branco, rosado ou tinto.

Com base no açúcar residual, o vinho pode ser seco, suave ou doce.

Quanto à estrutura, a bebida é leve, de bom corpo ou encorpada.

As sensações no vinho que têm correspondência nas comidas são: a intensidade olfativa, a maciez, a calidez do álcool e a adstringência dos taninos nos tintos, o frescor ácido nos brancos.

Alguns componentes essenciais do vinho propiciam condições para que ele realce o gosto da comida.

~ capítulo 3

A Harmonização

Conhecidos vinho e comida, pretende-se atingir uma situação de harmonia entre eles. A primeira condição é o equilíbrio das estruturas. A segunda, o ajuste das sensações. Segue-se a confirmação de que os dois se realçam mutuamente. Se isso se concretiza, o prazer gustativo será máximo e a boca estará pronta para receber novos estímulos.

Dizemos, então, que o conjunto vinho-comida está harmonizado quando apresenta estruturas em equilíbrio e sensações ajustadas de tal forma que o vinho e a comida tenham suas virtudes mutuamente realçadas. Usando a nomenclatura proposta pelo professor Corte Real (*vide* bibliografia), a definição acima envolve os três fatores da harmonização.

- Equilíbrio: peso da comida *versus* corpo do vinho.
- Harmonia: sensações na comida *versus* as sensações no vinho.
- Realce: melhoria simultânea do gosto da comida e do vinho.

O EQUILÍBRIO DAS ESTRUTURAS

O corpo do vinho deve estar equilibrado com o peso do prato.
O peso da comida deve estar equilibrado com o corpo do vinho.

Essas são precondições para que o casamento dê certo, pois, não sendo assim, uma parte sobrepuja a outra e a ela se impõe, prevalecendo na boca e aí permanecendo em prejuízo dos princípios de realce e de neutralidade após a ingestão simultânea.

Em casos especiais, poderá ser admitido discreto desequilíbrio nas estruturas, desde que se estabeleça também um desequilíbrio nas sensações em sentido oposto, como será visto adiante.

Em sua simplicidade, as equações de equilíbrio são as seguintes:

comida leve	vinho leve
comida de leve para médio peso	vinho de leve para bom corpo
comida de médio peso	vinho de bom corpo
comida de médio para pesada	vinho de bom corpo para encorpado
comida pesada	vinho encorpado

Vinhos leves, frescos e frutados, pouco alcoólicos, ajustam-se a comidas leves, pouco gordurosas, de condimentação discreta, facilmente mastigáveis e digeríveis.
Exemplos: *vinho branco seco sauvignon blanc com salada de verduras sem vinagre, muscadet com legumes cozidos, frascati com omelete simples.*

Vinhos de bom corpo acompanham comidas de médio peso e vice-versa.
Exemplos: *espaguete com molho de carne com vinho tinto chianti, ossobuco com vinho tinto dolcetto.*

Vinhos encorpados ajustam-se a comidas pesadas, gordurosas, de digestão longa, de mastigação repetida.
Exemplos: *caça com shiraz australiano, cordeiro com bordeaux, cabrito assado com malbec argentino, queijo parmesão com amarone.*

↪ Leitura Complementar: Equilíbrio de Carnes e Massas

Podemos, em consequência do já exposto, acrescentar duas aproximações úteis, ainda que flexíveis. A primeira se refere às **carnes**:

tipo de carne	vinho
branca, sem suculência, leve	branco seco, fresco, leve
branca, de pouca suculência, médio peso	branco seco, de bom corpo
branca, com molho vermelho, médio peso	rosé seco, de bom corpo
vermelha, magra, médio peso	rosé seco, de bom corpo
vermelha, com gordura, médio peso	tinto seco, de bom corpo
de caça, suculenta, gordurosa, pesada	tinto seco, encorpado

A segunda diz respeito às **massas**, de sabor neutro, em que a combinação se dá em função do molho.

molho da massa	vinho
branco, bechamel, leve	branco seco ou suave, leve
branco, condimentado, médio peso	branco suave, de bom corpo
de tomate, picante, médio peso	rosé suave, de bom corpo
de tomate com carne, médio peso	tinto seco, de bom corpo
com pato desfiado ou funghi, pesado	tinto seco, encorpado

O Reequilíbrio

Torna-se agora obrigatória uma referência à flexibilidade das regras. Existem **situações particulares** em que a harmonização pode se dar com algum desequilíbrio entre corpo e peso.

Várias comidas de médio peso para pesadas podem ser parceiras de vinhos leves, estabelecendo-se uma situação de contraste em que a discrição da bebida atenua a exuberância do prato, em favor do conjunto.

Isso funciona se o vinho, além de leve, for aromático, frutado e fresco. Significa que um desequilíbrio entre corpo e peso impõe um desequilíbrio nas sensações no sentido oposto, de forma que o equilíbrio geral se mantenha.

Um caso exemplar é o casamento de Rieslings alemães "mit Prädikat" – Spätlese ou Auslese – com pato, ganso, vitela, porco ou javali. O peso da comida sobrepuja o corpo do vinho, mas os aromas, a acidez frutada e o adocicado da bebida propiciam sensações mais acentuadas do que as carnes, recompondo o conjunto.

Mais do que nunca, a noção de realce se evidencia, então.

Outro exemplo se dá em comidas orientais, de médio peso, que se compõem com um Sauvignon Blanc jovem, do Novo Mundo, de pouco corpo, mas com aromas e frescor pronunciados.

Espumantes leves – o Asti Spumante, por exemplo, do Piemonte – podem ser companheiros corretos de tortas e pudins pouco açucarados que, por levarem frutas secas, apresentam-se com médio peso. O reequilíbrio é função da acidez do espumante frente à doçura da sobremesa.

HARMONIA: O AJUSTE DAS SENSAÇÕES

Acertado o equilíbrio entre corpo e peso, passemos a cotejar as sensações provenientes do vinho com as sensações da comida e encontrar a complementaridade entre os dois.

Para isso é indispensável conhecer os princípios da Adaptação

Cruzada que indicam como certos sabores acentuam ou atenuam a percepção de outros sabores.

Quatro destes princípios, envolvendo as sensações gustativas, são primários. Os demais são consequências da presença de ácidos e taninos nos vinhos e de acidez, amargor e gordura nas comidas.

Princípios da Adaptação Cruzada

a doçura atenua a acidez / *açúcar na limonada*
o sabor salgado acentua o amargor / *sal no jiló ou no Underberg*
a doçura atenua o amargor / *açúcar no café ou no chá*
a doçura atenua o sabor salgado / *mel ou fruta na comida salgada*
sal e taninos são antagônicos / *negativo para sal com tinto jovem*
a gordura ameniza sensação ácida / *positivo para ostra com brancos*
a acidez precisa ser igualada / *positivo para limão com brancos*
taninos ajustam a untuosidade / *positivo para tinto com bacon*
taninos ajustam a suculência / *positivo para tinto com filé alto*

Podemos agora nos reportar aos dois capítulos anteriores para cotejar os grupos de sensações afins e procurar seu ajuste, em dois casos: dada a comida, chegar ao vinho; dado o vinho, chegar à comida.

Com a utilização deste método comparativo, pode-se responder também à questão: dados um vinho e um prato, eles estão harmonizados?

DADA A COMIDA, INDICAR O VINHO

Se conhecermos os atributos da comida, podemos ajustá-la a certo tipo de vinho, cotejando as sensações propiciadas pelos dois, desde que tenham suas estruturas equilibradas:

Presenças na comida	Sensações a considerar no vinho
grupo c 1	**grupo v 1**
salgado	maciez
	a suavidade atenua a sensação salgada
ácido	maciez
	a suavidade atenua a sensação ácida
amargo	maciez
	a suavidade atenua a sensação amarga
doce	doçura
	exalta a sensação doce

grupo c 2	**grupo v 2**
aromas	complexidade aromática
especiarias	intensidade e persistência olfativa

grupo c 3	grupo v 3
gordura	frescor/acidez
	ácidos dissolvem gorduras
tendência a doce	efervescência
	eleva a acidez, traz frescor

grupo c 4	grupo v 4
suculência	adstringência
	taninos ressecam
untuosidade	teor de álcool
	álcool é higroscópico, desidrata

O Sabor Salgado – O sal potencializa o amargor dos taninos, fazendo surgir no conjunto um gosto metálico indesejável. Deve-se evitar o encontro de tintos jovens taninosos com pratos salgados e dar preferência, neste caso, a tintos maduros ou mesmo envelhecidos. Essa é também uma razão pela qual os queijos têm companhia adequada em vinhos brancos.

O Sabor Ácido – Obedecendo a um dos princípios da adaptação cruzada, a acidez do prato e a do vinho devem estar ajustadas uma à outra, equilibrando-se. Se a acidez é aparente na comida, deve-se escolher um vinho com acidez de mesmo nível. Um prato com fruta ácida, como laranja ou limão, exige vinho com muito frescor. Isso não se repete para o mesmo prato com uma musse de azeitonas.

O Amargor – Além de ser a menos agradável e a mais prolongada dos sabores, a sensação amarga tende a reforçar a acidez dos vinhos brancos e a adstringência dos tintos. Pratos com componentes amargos como alcachofra, rúcula, aspargos e jiló não combinam com vinhos, em geral. Comidas com nuance amarga, como os patês de fígado, requerem vinhos carentes de taninos. Patês de fígado e *foie gras* harmonizam-se melhor com vinhos brancos doces, que lhes atenuam a sensação amarga.

A Doçura – A presença de ingredientes doces na comida salgada é um desafio. Se na comida surge uma tendência adocicada, como na lagosta e no camarão, convém atenuar essa sensação com um branco seco, fresco.

A adaptação do paladar ao sabor doce aumenta a sensibilidade à acidez, que se mostra agressiva. A adição de frutas ácidas – framboesa, amora, maçã verde – à parte superior dos pudins, pavês e tortas dificulta, ou mesmo torna impraticável, o casamento dessas sobremesas com vinhos.

A doçura dos vinhos de sobremesa deve ser sempre mais acentuada do que a sobremesa que eles acompanham, sob pena de a bebida parecer aguada.

Especiarias e Aromas – Comidas com odor rico e complexo, devido à presença de ervas e especiarias, requerem vinhos aromáticos, em geral o que nos remete a Gewürztraminer, Viognier, Malvasia, Moscatéis e Torrontês.

Cuidado especial deve se ter quando se trata de carnes estruturadas temperadas com ervas, que pedem tintos maduros. Neste caso, a maciez do vinho será mais importante do que a sua intensidade olfativa. De qualquer modo, é importante evitar que aromas do vinho prevaleçam sobre os da comida e vice-versa.

Gordurosidade – A gordura intrínseca em pratos à base de ostras, camarões, lagostas, vitela e porco pede uma contrapartida ácida no vinho. Em princípio, portanto, vinho branco jovem.

Se o componente principal da comida é a gordura, será conveniente acompanhá-la com vinho seco ácido, melhor ainda se apresentar discreta "agulha", devida à presença de gás.

Quando a gordura está aliada à suculência e à untuosidade, a ação do vinho deverá ser dupla, exigindo então um rosé ou um tinto jovem de bom corpo.

Suculência e untuosidade em um prato condimentado requerem um tinto maduro: a acidez ajustará a gordura, os taninos presentes cuidarão da suculência, e a maciez equilibrará a condimentação.

Condimentação – Diz respeito à agressividade de componentes pseudotérmicos da comida, como pimenta, chili e páprica.

Comidas apimentadas apresentam sensação de ardência ou calor picante. Para acompanhá-las, dependendo do tipo, vinhos brancos leves e frescos ou tintos jovens simples, apenas discretamente taninosos.

Suculência – A suculência é desejável para facilitar a mastigação e a digestão. Não estando presente na comida – como no caso do peito de frango ou do peito de peru –, a suculência deve ser suprida pela insalivação excitada pela acidez.

Comidas pouco suculentas exigem vinhos de boa acidez, em geral, brancos. Comidas suculentas ou untuosas requerem vinhos taninosos, portanto, tintos. Assim, os atributos do vinho que podem atenuar ou acentuar a suculência são:
- a acidez, que fomenta a insalivação;
- o teor alcoólico, já que o álcool é higroscópico, desidratante;
- os taninos, que coagulam a saliva, deixando a boca seca.

Untuosidade – Se a comida se apresenta untuosa, será interessante que o vinho tenha uma justa tanicidade que a contrabalance.

Como untuosidade e gordura andam juntas, comidas untuosas exigem geralmente vinhos tintos jovens, ao mesmo tempo sápidos e adstringentes.

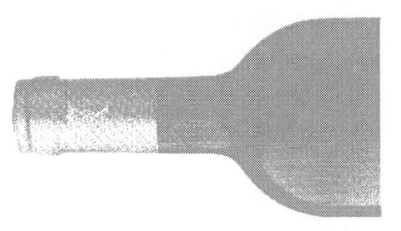

DADO O VINHO, CHEGAR À COMIDA

Conhecidos os atributos do vinho, podemos ajustá-los aos da comida, cotejando sensações afins:

Presenças no vinho **grupo** v 1	Sensações a considerar na comida **grupo** c 1
aromas	condimentação e especiarias
grupo v2	**grupo** c 2
maciez, suavidade, doçura	sabores ácido, amargo, salgado
grupo v 3	**grupo** c 3
ácidos (frescor ou sapidez)	gordurosidade
efervescência	tendência doce
grupo v 4	**grupo** c 4
álcool	untuosidade
taninos	suculência

Aromas – Vinhos aromáticos acompanham tanto comidas condimentadas – quando então as sensações estarão equilibradas – quanto comidas de poucos aromas – quando o vinho servirá para enriquecer a comida.

No primeiro caso, a condimentação da comida deve estar à altura da aromaticidade do vinho, para não ser sobrepujada.

No segundo caso, deve ser procurado um reequilíbrio, adotando-se um prato algo mais estruturado do que a bebida.

Maciez, Suavidade, Doçura – Vinhos macios, alcoólicos, despojados de taninos, atenuam as sensações salgadas, amargas e ácidas. Acompanham comidas em que tais sensações sejam marcantes, pedindo amaciamento. Tratando-se de vinho doce, podemos considerar dois casos:

• por composição, pedirá uma companhia doce, que apresente menos doçura do que ele, como tortas pouco açucaradas e *cheesecakes*.

• por oposição, podemos escolher comidas salgadas com tendência ao amargor, como patês de fígado e *foie gras*. A doçura da bebida atenuará a sensação amarga.

Vinhos tintos maduros, macios ou redondos, com taninos domados, acompanham pratos condimentados que eles se encarregarão de amaciar.

Acidez – Vinhos pouco ácidos parecem aguados se acompanham comida de acidez elevada. Conhecida a presença ácida na bebida, a escolha da comida deve levar em conta que a sensação de acidez deve ser sempre nivelada. A principal companhia de vinhos com acidez marcante é a gordura, o que se percebe na combinação de vinhos brancos jovens, sem madeira, com ostras e camarões.

Vinhos com acidez diminuída, por terem passado pela fermentação malolática (Chardonnays da Bourgogne, alguns do Novo Mundo...) ou por envelhecimento (tintos com mais de dez anos...), pedem pratos que não tenham molhos e ingredientes francamente ácidos.

Efervescência – Representada pela presença de bolhinhas no corpo dos frisantes e espumantes, a efervescência age no sentido de refrescar e ajustar o hálito. Este é o vinho de início dos trabalhos ou de comemoração.

Em conjunto com a comida, a efervescência desempenha papel particularmente importante quando se trata de pratos em que a mistura de sabores – melão com presento, comida oriental, cozinha *fusión* – torne difícil a harmonização com vinhos tranquilos.

Espumantes suaves ou doces, tipo Asti Spumante ou Champagne Doux, neutralizam adequadamente a untuosidade das sobremesas cremosas.

Alcoolicidade – Há muitos atributos do álcool a serem considerados: o seu poder de transportar aromas, o seu sabor adocicado, a sua calidez e causticidade e a sua propriedade desidratante. Quanto maior o teor alcóolico, mais perceptíveis são essas características.

Vinhos muito alcoólicos são adocicados, cálidos e higroscópicos. Uma nuance doce e untuosa na comida é bem-vinda com vinhos alcoólicos, como na combinação do Amarone com parmesão. Vinhos brancos com pouco álcool, como alguns *riesling* alemães, vão dar preferência a saladas, pratos frios, vegetais cozidos e congêneres.

Tanicidade – A presença marcante de taninos em tintos jovens pede pratos suculentos e carnes vermelhas. Os tintos jovens frutados, de pouca estrutura, tipo Beaujolais, serão mais apropriados para embutidos.

Tintos de categoria envelhecidos, com taninos macios porém presentes, requerem a suculência e a gordurosidade das carnes de primeira categoria.

REALCE: A SINERGIA DAS SENSAÇÕES

Vinho e comida podem se realçar mutuamente. Significa dizer que o vinho ganha na comunhão com a comida e esta se torna ainda mais apetecível na companhia do vinho.

Essa sinergia entre os dois constitui a parte mais sofisticada da harmonização e também a mais difícil. Sofisticada, pela atenção que exige e pelo prazer que proporciona. Difícil, por depender da experiência e da acuidade gustativa de cada um, implicando certa sujetividade, pois o gosto é algo pessoal e diferenciado. Sem se esquecer que, diferentemente do equilíbrio das estruturas e das sensações, o realce é consequência e não causa.

Um modo simplificado de revelar o realce tem por base a suposição de que o vinho vale 2 e a comida vale 2, e procurar gustativamente sua soma, numa aritmética arrevesada.

Se os dois somam cinco, estão harmonizados e devem ser provados ao mesmo tempo. É o equilíbrio refinado pelo realce.

Se somam quatro, não há realce, mas um não atrapalha o outro. Podem ser provados um de cada vez, alternadamente. É um equilíbrio sem realce.

Se somam três, um atrapalha o outro. Deveriam ser provados em tempos distintos e em refeições separadas, e evitados simultaneamente.

Mas o realce não tem apenas essa propriedade. Para certa comida, sempre haverá mais de um vinho que atenda às condições de equilíbrio e harmonia. A escolha de uma das soluções deve então atender ao conceito de realce, o que envolve uma dose de subjetividade.

Os conceitos descritos a seguir – tradição, lógica, regionalismo, entre outros – podem nos ajudar a contornar a dificuldade acima mencionada.

Tradição – A história da cozinha nos traz exemplos que resistem às inovações e dificuldades dos tempos modernos. São as chamadas Combinações Clássicas, em que o realce foi alcançado através de anos de experimentação, na cozinha e à mesa.

Exemplos: *ostras com chablis, tábuas de frutos do mar com muscadet, caviar com champanhe, cordeiro assado com bordeaux, parmigiano com amarone, foie gras com sauternes, stilton com porto, queijo de cabra com sancerre, muitos deles citados na primeira parte deste livro.*

Lógica – Conhecidos os princípios da harmonização, podemos chegar a combinações naturais na ausência de uma combinação clássica ou se essa é muito dispendiosa.

Exemplos: *sopas e consomés com jerez, embutidos leves com beaujolais villages, embutidos condimentados com cabernet sauvignon, paella de mariscos com rosé, paella valenciana com tinto leve, filé-mignon condimentado com shiraz, bolos e tortas doces com moscatéis.*

Regionalismo – Combinações consagradas pelo uso regular nas regiões ou países de origem (comuns à comida e ao vinho) têm no realce uma de suas virtudes. Seguem uns poucos exemplos ao acaso:

Andaluzia	gaspacho andaluz com manzanilla
Austrália	filé ao alho e pimenta com cabernet-shiraz australiano
Bairrada	leitão da bairrada com tinto espumante
Borgonha	boeuf bourguignone com Borgonha tinto
Bordeaux	cordeiro assado com tinto do médoc
Califórnia	barbecue de costela com zinfandel
Chile	ceviche com sauvignon blanc chileno
Grécia	blacavá com moscatel das ilhas gregas
Lazio	fettucini al burro com frascati
Mendoza	cabrito grelhado com malbec mendocino
Nova Zelândia	mexilhões cozidos com sauvignon blanc de wairarapa
Piemonte	brasato ao barolo com barolo
Rhône	lebre assada com tinto de côte-rôtie
Rio G. do Sul	churrasco em fogo de chão com tinto da Serra Gaúcha
Suíça	fondue de queijo com vinho branco suíço chasselas

Fatores Externos – Com forte dose de subjetividade, o realce pode ser infuenciado também por fatores não pertinentes à comida e ao vinho:

• O clima: em países ou regiões com estações do ano diferenciadas, invernos muito frios, a comida pede vinhos com mais álcool para ser realçada. Exemplo: um bordeaux para o cordeiro com 12,5% de álcool na primavera, e um bordeaux superieur com 13% de álcool no inverno.

• O momento: experiências passadas lembradas em momentos alegres, românticos ou poéticos, ou a própria alegria do momento podem refletir-se no conjunto comida-vinho, realçando o conjunto.

~ capítulo 4

Explicando as combinações clássicas

Antes de passar para a prática da harmonização, ilustremos a utilização da teoria, à luz da qual podemos justificar as chamadas combinações clássicas, entre elas: ostras com chablis, caviar com champanhe, roquefort com sauternes, stilton com porto etc.

Tidos como impecáveis, tais casamentos têm em comum a obediência aos princípios de equilíbrio, harmonia e realce.

CAVIAR COM CHAMPAGNE

A Comida: ovas salgadas de esturjão, gordurosas e untuosas, de sabor *sui generis* acentuado, tendente a alterar o hálito.

O Vinho: espumante francês milesimado, elaborado na Champagne pelo método "champenoise", com uvas brancas Chardonnay e tintas Pinot Noir.

Equilíbrio: prato leve para médio, pela gordurosidade, com um Champagne de leve para médio, por ser milesimado.

Harmonia: gordura compensada pelo duplo frescor do espumante (acidez do vinho base mais ácido carbônico sob forma de gás). Saborosidade do caviar ajustada pela maciez do Champagne. Tendência de alteração do hálito atenuada pela presença das bolhas do espumante. A carência total de taninos é providencial para não conflitar com o salgado das ovas.

Realce: caviar enriquecido pelos aromas cítricos e de frutas ácidas, bem como pelo aroma de avelãs do vinho. Champagne realçado pela consistência das ovas, arredondado por sua untuosidade, enaltecido por seu sabor.

OSTRAS COM CHABLIS

A Comida: ostras-verdadeiras, moluscos comestíveis do gênero Ostrea, frescas, cruas, com uma gotinha de limão. Sabor delicado, gordura intrínseca. Servidas isoladas ou no início da refeição.

O Vinho: Chablis Premier Cru, francês, branco seco refinado da casta Chardonnay, jovem, sem madeira.

Equilíbrio: comida leve, tendendo para o peso médio pela gordura; Chablis leve tendendo para bom corpo, por ser um Premier Cru.

Harmonia: gordura intrínseca da ostra contrabalançada pela acidez do vinho, nuance cítrica da gotinha de limão nivelada com a acidez do Chablis, sabor delicado da ostra alinhado com o gosto refinado do Chablis.

Realce: iguaria pouco aromática enriquecida pelos aromas frutados da Chardonnay. Vinho realçado pela consistência do molusco e arredondado por sua gordura intrínseca.

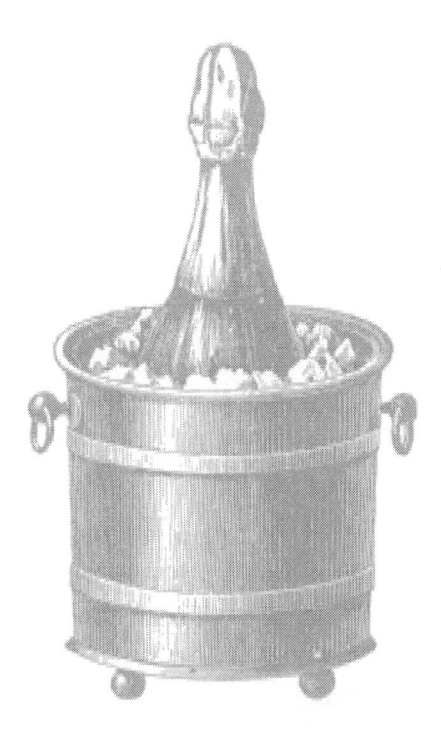

FRUTOS DO MAR COM MUSCADET

A Comida: tábua de frutos do mar, camarões ou lagostins, lagosta ou cavaquinha, mexilhões e ostras cozidas, polvo, vieiras etc.

O Vinho: Muscadet de Sèvre et Maine sur Lie, branco seco francês do Loire, da uva Muscadet, floral, frutado, cítrico, com discreta agulha.

Equilíbrio: comida leve, nuance de maresia, com vinho leve, um pouco picante por sua condição *sur lie* (amadurecido sobre as borras).

Harmonia: tendência a doce dos crustáceos ajustada pelo *petillant* do Muscadet, ausência de suculência e gordura não untuosa compensada pela acidez no vinho.

Realce: odor dos mariscos enriquecidos pela nuance floral e frutada do Muscadet. Vinho realçado pela consistência dos mariscos, cuja gordura intrínseca aveluda a acidez do vinho.

BISTECCA COM CHIANTI

A Comida: *bistecca* fiorentina, bife espesso de carne vermelha, bem passado por fora, malpassado por dentro, sal e pimenta apenas na proporção justa, servido com guarnição (feijão branco...) e azeite.

O Vinho: Chianti Clássico Riserva, com o símbolo do galo preto (*gallo nero*). Tinto toscano maduro da área histórica entre Florença e Siena, de uvas Sangiovese e Canaiolo, com dois anos em madeira e dois em garrafa, estruturado, com aromas frutados, tostados e de especiarias.

Equilíbrio: prato pesado, vigoroso, com tinto encorpado, robusto, álcool mínimo de 12,5%.

Harmonia: gordurosidade da carne contornada pela sapidez do vinho. Tanicidade discreta (vinho maduro) apenas a ponto de não conflitar com o sal, este contrabalançado pela doçura do álcool e da glicerina do Chianti. Taninos nobres atenuando a suculência da carne. Saborosidade da comida ajustada à maciez do Chianti Riserva maduro.

Realce: vinho enriquecido pela consistência e suculência da carne (sangue, untuosidade), prato enaltecido pelo caráter aromático do Chianti (frutas maduras, tostado, condimentos) e por sua sapidez.

EMBUTIDOS COM BEAUJOLAIS

A Comida: salames e salaminhos, salsichas, salsichões e linguiças, mortadelas e presuntos, de médio peso a pesados.

O Vinho: Beaujolais Cru, tinto frutado da uva Gamay, de médio corpo (Fleury, Brouilly...) para encorpado (Moulin-à-Vent, Saint-Amour...) procedente do sul da Borgonha, na França.

Equilíbrio: comida de peso médio para pesada, vinho de médio corpo para encorpado.

Harmonia: gordurosidade dos embutidos contrabalançada por vinhos de acidez presente, porém limitada, complementada pela ação dos taninos. A estrutura relativamente pobre da Gamay fornece uma tanicidade discreta, conveniente por contornar a untuosidade dos embutidos sem esgrimir com o seu sabor salgado. Salgado do prato alinhado com a doçura do álcool e da glicerina do Cru Beaujolais.

Realce: sabor do embutido enaltecido pelo frutado do Beaujolais Cru. Bebida realçada pela gordura (que lhe aveluda a acidez) e pela massa carnuda (que lhe dá consistência).

CANARD À L'ORANGE COM GEWÜRZTRAMINER

A Comida: pato cozido na manteiga, em caldeirão, com molho de licor e suco de laranja, servido sobre cascas de laranja. Prato opulento, de alta cozinha.

O Vinho: branco francês Alsace Grand Cru da uva Gewürztraminer. Vinho de alta categoria, encorpado, cálido e perfumado.

Equilíbrio: vinho encorpado, opulento; prato pesado, robusto.

Harmonia: acidez do vinho branco à altura da acidez cítrica da comida; perfume marcante do Gewürztrminer (canela, lichia, rosas) alinhado com o poder aromático do prato; maciez de vinho branco alcoólico contrastando com o sabor amargo da carne de pato e o agridoce do molho.

Realce: presença cítrica no molho completa o leque aromático do vinho, mais rico em especiarias. A doçura do álcool e as nuances florais no vinho refinam o sabor marcante da carne do pato.

BRASATO COM BAROLO

A Comida: carne vermelha marinada e cozida em molho de vinho Barolo, ao estilo do Piemonte, norte da Itália.

O Vinho: Barolo maduro, vinho tinto italiano do Piemonte, da uva Nebbiolo, encorpado e longevo, com aromas de trufas e alcatrão.

Equilíbrio: prato pesado saboroso, vinho encorpado macio.

Harmonia: suculência da carne atenuada pela adstringência dos taninos nobres da Nebbiolo; gordura discreta da carne ajustada à discreta acidez do vinho maduro; maciez do vinho ajustando o sabor do marinado; vinho Barolo e molho do mesmo vinho integrado.

Realce: prato enriquecido com o trufado e o alcatroado do Barolo. Vinho ganhando com a consistência e a textura da carne e enaltecido no contato com o molho.

CORDEIRO COM BORDEAUX

A Comida: paleta de cordeiro assada no alho, azeite e ervas.

O Vinho: Bordeaux tinto maduro de Pauillac, no Médoc, corte de várias uvas com predominância de Cabernet Sauvignon, teor alcoólico entre 12,5 e 13%, amadurecido em barricas novas de carvalho francês.

Equilíbrio: prato pesado, robusto, com vinho encorpado, estruturado.

Harmonia: suculência da carne compensada pelos taninos nobres das uvas do corte bordalês; condimentação domada pela maciez do vinho maduro; gordura da carne alinhada com a acidez do vinho.

Realce: cordeiro enriquecido com aromas de frutas maduras do Médoc e com o mentolado da Cabernet Sauvignon, que exime o consumidor de usar a geleia de hortelã, incompatível com vinho. Tinto enaltecido pela consistência e textura da carne assada e pelo gostinho de ervas do molho.

ROQUEFORT COM SAUTERNES

A Comida: queijo com veios azuis tipo Roquefort, de origem francesa, macio, de leite de ovelha, com 45% de gordura e incrustações fúngicas aromáticas.

O Vinho: branco doce francês, de uvas Sémillon e Sauvignon Blanc botritizadas, elaborado na denominação de origem Sauternes-Barsac, ao sul de Bordeaux.

Equilíbrio: queijo estruturado, gorduroso, de muito sabor e aroma; vinho doce encorpado, denso, aromático.

Harmonia: teor de gordura elevado do Roquefort dissolvido pela acidez do vinho, presente, porém pouco perceptível devido ao açúcar; o salgado do queijo atenuado pela doçura da bebida, carente de taninos; o amargor dos veios azuis reduzido pela doçura do Sauternes.

Realce: leque aromático do Sauternes à base de mel, pêssego e cítricos suavizando o odor agressivo das incrustações azuis. Untuosidade do queijo enaltecendo a densidade e doçura do vinho.

STILTON COM PORTO TAWNY

A Comida: queijo inglês Blue Stilton, semiduro, de leite de vaca, com 48% de gordura, de massa cremosa cortada por veios fúngicos azulados.

O Vinho: vinho do Porto Tawny, tinto doce fortificado português, originário do Douro.

Equilíbrio: queijo pesado, gorduroso, com vinho tinto doce, encorpado e denso.

Harmonia: amargor dos veios azuis atenuado pela doçura do vinho; gordura do Stilton contrabalançada pela sapidez ácida do Porto; teor alcoólico elevado do vinho contrabalançando a untuosidade do queijo e atenuando seu sabor salgado.

Realce: o odor fúngico do queijo arredondado pelos aromas de compotas e geleia do Porto; doçura, calidez e maciez do Porto enaltecido pelo sabor marcante dos veios azuios do Blue Stilton.

QUEIJO DE CABRA COM SANCERRE

A Comida: queijo de leite de cabra, de pasta macia, mínimo de 45% de gordura, odor animal (Chevreton da França, Camerano da Espanha, Cabreiro de Portugal, Caprini da Itália, Altenburger alemão, queijo de cabra brasileiro, *quesillo* argentino, *guajaqueno* mexicano).

O Vinho: branco seco jovem da uva Sauvignon Blanc, originário de Sancerre, no Loire.

Equilíbrio: queijo gorduroso de médio peso, vinho fresco de bom corpo.

Harmonia: gordurosidade do queijo dissolvida pela acidez viva do Sancerre; odor *sui generis* do queijo de cabra contrabalançado pelos aromas frutados (melão, lima, mineral) da Sauvignon Blanc.

Realce: sabor do queijo enriquecido pelo frutado do vinho; vinho branco arredondado pela gordura do queijo, realçado pela consistência do queijo e arredondado por sua acidez.

RESUMO DA PRIMEIRA PARTE

As **Comidas** resultam da preparação de produtos alimentícios para o consumo humano. De acordo com a sua estrutura, elas podem ser leves, de médio peso ou pesadas.
As sensações provenientes da comida a cotejar com as do vinho são: o gosto (amargo, salgado, ácido, doce), a condimentação (aromas, condimentos), a suculência e a gordurosidade. Existem situações em que a comida realça as virtudes do vinho.

Vinho é a bebida alcoólica resultante da fermentação do suco da uva. De acordo com a sua estrutura, ele é leve, de bom corpo ou encorpado. As sensações provenientes do vinho a cotejar com as da comida são: a intensidade e a persistência olfativas, a doçura e a maciez, a acidez, a efervescência, a alcoolicidade e a tanicidade. Existem situações em que o vinho realça as virtudes da comida.

Diz-se então que **Vinho e Comida** estão harmonizados quando se apresentam com suas estruturas em equilíbrio (corpo do vinho coerente com o peso da comida), com as sensações em harmonia, um enriquecendo o outro.

Equilíbrio – A vinhos leves, de bom corpo ou encorpados devem *corresponder comidas leves, de médio peso ou pesadas, respectivamente. Caso, excepcionalmente, isso não se verifique, há que se procurar um reequilíbrio através de um ajuste oposto nas sensações.*

Harmonia – *O gosto da comida (ácido, doce, amargo, salgado) será ajustado à doçura e à maciez do vinho. A suculência e a untuosidade da comida devem ajustar-se à tanicidade e ao teor alcoólico do vinho.*

A gordurosidade e sua tendência para a doçura devem se ajustar à acidez dos vinhos tranquilos e à efervescência dos espumantes. Condimentos e aromas na comida ajustam-se à intensidade e persistência aromática do vinho.

Realce – *Para que a harmonização se concretize, vinho e comida devem agir um com o outro em sinergia, obedecendo ao princípio do realce.*

segunda parte

A PRÁTICA DA HARMONIZAÇÃO

No dia a dia, os princípios e diretrizes indicados na primeira parte podem ser influenciados por fatores diversos, referentes ao vinho, à comida ou ao conjunto.

Podemos concluir, por exemplo, que determinada iguaria deve ser acompanhada por um vinho branco seco da Chardonnay e estamos diante de três exemplares: um espumante blanc de blancs, um chablis sem madeira e um chardonnay californiano amadeirado. O que nos leva a escolher um deles?

Dispomos de uma peça de javali e de um tinto maduro que a escoltará idealmente. Ela deverá ser assada, frita, grelhada ou ensopada, para se ajustar ao vinho?

Não é demais repetir que um bom prato pode ser prejudicado pela escolha incorreta do vinho e que a excelência da bebida pode ser comprometida quando acompanha comida não condizente.

Quanto mais se conhecem os ingredientes e o preparo do prato, tanto mais fácil será escolher o vinho que melhor lhe corresponde. O mesmo vale para o vinho. Quanto mais se conhecem suas características, tanto mais fácil a escolha do prato.

Tudo isso poderia levar à conclusão de que estamos nos referindo a algo incômodo, cheio de exigências. Nada disso!

Os princípios e diretrizes são simples e, às vezes, intuitivos. A prática da harmonização é um exercício prazeroso e você pode utilizá-la para as suas próprias experiências e descobertas.

Quando, com sua aplicação cuidadosa, se chega a combinações que valorizam vinho e comida, o esforço é mais do que compensado pela realização, profissional ou amadorística, e pelo prazer proporcionado.

~ capítulo 5

Influências sobre a Harmonização na prática

Fatores diversos, referentes ao vinho, à comida ou ao conjunto, influenciam a harmonização na prática.

Exemplificando: concluímos pela teoria de que certo assado deve ser acompanhado por um tinto da Cabernet Sauvignon do qual temos dois exemplares, um envelhecido, com 15 anos, e um jovem com cinco anos. Qual dos dois deve ser escolhido?

Nos tópicos a seguir são indicados alguns dos fatores que influenciam a decisão.

INFLUÊNCIAS DOS VINHOS

tipos especiais

Na escolha final do vinho, é indispensável definir seu tipo, se tranquilo ou espumante, fortificado ou licoroso.

Espumantes são vinhos de comemoração, de boas vindas, refrescantes, servidos às vezes com canapés ou com ostras.

Podem mesmo acompanhar toda a refeição, se o cardápio foi preparado para isso. Começa-se com um branco leve, prossegue-se com um branco de bom corpo e um rosé, termina-se com um espumante demi-sec ou doce.

Seu ajuste com comidas é especialmente importante, sobrepujando-se a um branco tranquilo da mesma região ou das mesmas uvas quando a comida tende a alterar o hálito. É o caso das ovas de peixe em geral e do caviar em particular, de canapés com ervas e especiarias de gosto marcante, de saladas, verduras e legumes com azeite trufado. As bolhas funcionam então como guardiãs do hálito.

Além disso, o espumante é sempre uma saída para pratos com ingredientes de sabor oposto, misturados, de combinação difícil com vinho tranquilo, como presunto com melão, rosbife com abacaxi, sushi variado e comidas temperadas da cozinha oriental.

Os Licorosos, como são conhecidos os vinhos doces de uvas botritizadas (Tokaji, Sauternes, Beerenauslese...), e os moscatéis doces fortificados (Moscatel de Málaga, Moscato di Panteleria, Moscatel de Setúbal...) são companhia para dois casos diferentes:

• por composição, ajustam-se a doces como pudins, cremes, *cheesecake*, tortas de frutas. A doçura do vinho deve sempre se igualar ou se sobrepujar à doçura da sobremesa;

• por oposição, combinam com comidas salgadas gordurosas e amargas, como patês de fígado, *foie gras* e queijos azuis. Nunca como nesse caso o princípio da adaptação cruzada é tão claro, na medida em que o amargor da comida é atenuado pelos açúcares do vinho.

Os vinhos doces fortificados – Porto Tawny, Marsala dolce, Madeira Malmsey – repetem a façanha do ajuste por oposição com queijos azuis, enaltecem as amêndoas salteadas ou torradas e atrevem-se a enfrentar bolos ou sobremesas de chocolate. Há vinhos fortificados que equilibram corpo e sensações com o chocolate puro. Realçá-lo, entretanto, é missão impossível.

A relação entre doces e vinhos será detalhada mais à frente, em capítulo próprio.

a idade

A acidez dos vinhos brancos e a tanicidade dos tintos diminuem com o passar do tempo, amaciando a bebida. Os vinhos brancos jovens serão escolhidos quando se desejar uma presença marcante de acidez e frescor. Tintos jovens, quando se quiser sapidez e adstringência.

Brancos jovens florais, no seu primeiro ou segundo ano, destacam-se pela acidez, que provoca insalivação. Serão preferidos para carnes sem suculência: peito de frango, peito de peru, peixe grelhado, queijos gordurosos sem incrustações.

Tintos jovens frutados, do segundo ao quarto ano, destacam-se pelos taninos, que provocam sensação de secura na boca. Serão preferidos para carnes suculentas simples e para embutidos (presuntos, salsichas...) e queijos frescos com menos sal.

Carnes vermelhas e de caça, condimentadas, requerem vinhos tintos macios. Preferência, portanto, para os maduros ou envelhecidos.

a temperatura de serviço

O prato servido agradece uma cuidadosa escolha térmica para a bebida. Nem sempre o serviço do vinho à refeição segue a recomendação clássica de 9 a 10°C para brancos e 17 a 18°C para tintos.

Uma sopa quente de legumes pode ser acompanhada por um branco seco a 13°C. Tintos jovens e frutados com frios, queijos e embutidos, no verão, são agradáveis a 14°C.

Tintos maduros e alcoólicos em dias muito frios saem-se bem a 19 e até mesmo a 20°C acompanhando carnes vermelhas, caças ou queijos duros.

a origem

De forma geral, os vinhos europeus destacam-se por certo refinamento, pela capacidade de envelhecer melhorando e pela madeira discreta, quando presente. Os do Novo Mundo distinguem-se pelo frutado, por teores alcoólicos mais elevados em vinhos da mesma casta e pela presença franca da nuance amadeirada, quando é o caso.

É verdade que, com a globalização, tais diferenças tendem a se atenuar. No ajuste com a comida, também é preciso levá-las em conta. Chardonnays do Novo Mundo, plenos de sabor, acompanham pratos com molhos marcantes (lagosta a termidor, curries...).

Os do Velho Mundo acompanham peixes, frutos do mar e aves com molhos mais discretos.

Cabernets franceses estarão bem com carnes vermelhas e cordeiro assado, menos apimentado. Os californianos ajustam-se a carnes bem temperadas.

Se o vinho indicado é um Chardonnay sem madeira, pode ser espumante blanc de blancs bem frio no verão e ou um Chablis apenas resfriado, no inverno.

INFLUÊNCIAS DAS COMIDAS

processo de cozimento

Na medida em que influi no sabor da comida, o processo utilizado na sua cocção complementa a escolha do vinho correspondente.

Assados Quentes – Neste método, o ar quente do forno e as gorduras das carnes são os condutores de calor. De modo geral, as carnes assadas têm nos tintos de qualidade, maduros ou envelhecidos, uma companhia ideal. Isso é percebido em especial na combinação com carneiro, cabrito ou caça, assados em tempero de alho e ervas.

A lista de combinações clássicas inclui a paleta de cordeiro assada com um Cabernet Sauvignon maduro em que os taninos já não esgrimam com o sal, mas a acidez ainda se compõe com o tempero.

O gosto marcante dos tintos jovens, tânicos, robustos, ajusta-se com mais propriedade a carnes vermelhas malpassadas, pouco temperadas. Os taninos encarregam-se de equilibrar a suculência.

Quando assados e servidos em separado, o tomate, a cebola e a cenoura ganham sabor e adquirem uma nuance adocicada. Outra vez, são os brancos frescos e aromáticos os que melhor se adaptam, mas a preferência por eles dependerá do ingrediente principal.

Assados Frios – O esfriamento compacta a carne por solidificação da gordura. Para que esta seja diluída, torna-se compulsória a presença de ácidos, encontrada nos brancos frescos, carentes de taninos, e nos rosados vivos. Entre os tintos, a escolha recairia sobre os jovens de médio corpo, pouco taninosos estilo Beaujolais ou Bardolino, ou em vinhos simples da Pinot Noir.

Cozidos no Vapor – Método bem mais suave do que assar ou grelhar, o cozimento no vapor é usado para pratos de gosto pouco pronunciado e caráter delicado. Pretende-se manter o frescor dos ingredientes, à medida do possível, mesmo depois de cozidos.

Por isso, pratos obtidos dessa forma requerem vinhos leves ou no máximo de médio corpo, com vantagem para os brancos ou rosados cuja acidez se mostra boa companheira, enquanto os taninos são considerados inimigos.

Cozidos na Fervura – O condutor de calor é água aquecida. As carnes ficam mais suculentas e saborosas, pois a temperatura elevada cria uma capa na superfície da carne que impede a perda de sucos. Carnes de aves pedirão então vinhos brancos untuosos, não necessariamente jovens.

Vinhos rosados como o Rosato toscano, o Rosé de Provence e rosados sul-americanos acompanham outras carnes cozidas dessa forma. Para carnes estruturadas, há que se encontrar um Merlot jovem à altura.

Ensopados – Carnes vermelhas consistentes e carnes duras de aves velhas podem ser amaciadas com o recurso ao ensopado.

Se for usado vinho tinto para o cozimento, o vinho a acompanhar a comida também deverá ser tinto, evitando-se uma colisão decepcionante.

Quanto mais substanciosa a iguaria, mais encorpado o vinho, predominando, portanto, os tintos.

Grelhados – São carnes e outros ingredientes passados em fogo alto de carvão ou em grelhas aquecidas por eletricidade. O processo é utilizado para pedaços pequenos que requerem cozimento breve.

Vinhos frutados, taninosos e amadeirados que acompanham a

carne grelhada devem ser mais robustos do que aqueles usados para a mesma carne quando assada.

Marinados – Peixes carnudos marinados e cozidos no molho do vinho tinto podem combinar com vinho tinto, desde que pouco taninosos. Os da Pinot Noir são particularmente indicados. Como opções, os Merlot sul-americanos, tintos da Gamay e os Cabernet Franc do Loire.

molhos e condimentos

Existem pratos em que tais ingredientes podem impor a decisão final quanto ao vinho. É o caso clássico das massas, em que o molho é a razão para a combinação, e o dos pratos orientais típicos, em que os temperos prevalecem e impõem o tipo de bebida que mais convém.

Há que distinguir aqui duas situações: molhos que fazem parte do prato e que são cozidos com ele, e molhos para serem acrescentados, a gosto do comensal, em quantidade e natureza.

Pratos preparados com molhos apimentados e ácidos, contendo pimenta, chili ou páprica, um suco cítrico, salsa, cebola e alho, em carnes brancas e nas massas pedem um branco jovem como Chardonnay sem madeira, Pinot Grigio ou Sauvignon Blanc.

Este mesmo molho, acrescido de tomate, acompanhando carnes vermelhas, pediria um tinto simples, frutado, com acidez presente. É que os molhos de tomate pedem ao mesmo tempo frescor, para espelhar a acidez do tomate, e adstringência, para refrear sua suculência.

Molhos para se acrescentar ao prato depois de pronto requerem, em geral, brancos perfumados, mas os de gosto marcante – *chutney*, raiz forte – imploram por um branco com tendência para a suavidade, como os Riesling alemães ou austríacos mais secos.

A presença de vegetais no prato, como frutas, ervas e especiarias, é determinante na escolha da bebida. Os cítricos têm na acidez seu componente crítico e, como já vimos, tal atributo deve ser sempre compensado, missão que os brancos e rosados procuram cumprir.

INFLUÊNCIAS DE AMBOS

tipicidade

Com um prato caseiro simples e rústico, a escolha pende para um vinho de mesa simples, ajustado à comida.

Em refeições refinadas e caras, de cozinha profissional, é natural que se dê preferência a vinhos de qualidade superior provenientes de denominação de origem afamada. Sua sofisticação os ajustará naturalmente, e com mais propriedade a pratos sofisticados.

composição *versus* oposição

Atentando-se para os princípios da adaptação cruzada, conclui-se que o mesmo vinho serve a comidas de gostos diametralmente opostos e, também, que um certo prato pode combinar com vinhos de diferentes tipos.

Assim, um Sauternes serve para o *foie gras* e para um roquefort por atenuar o componente amargo do fígado, no primeiro caso, e dos veios fúngicos azuis, no segundo.

Mas ajusta-se também, alegremente, a um *crême brulée* e a outros doces cremosos, por lhes exaltar a doçura. Dizemos que, no primeiro caso, a combinação se deu por oposição (doce *versus* amargo) e no segundo caso, por composição (doce com doce).

Se voltamos ao Roquefort, verificamos que ele tanto pode ser harmonizado com o Sauternes, por oposição, quanto com um grande tinto bem maduro por composição (peso e amargor *versus* corpo e maciez). As listas de combinações dos próximos capítulos incluem exemplos desta deliciosa duplicidade.

regionalismo

Tratando-se de cozinha regional de uma área de tradição vinícola, a preferência recai sobre vinhos locais que obedeçam aos princípios da harmonização e da tipicidade.

O tempo e a experiência contínua constroem parcerias impecáveis, em que o vinho realça a comida e a comida é enriquecida por ele. Vamos dar atenção especial a essa questão, dedicando-nos, nos tópicos a seguir, a comidas e vinhos regionais.

combinações regionais

A multiplicidade das combinações regionais europeias, contempladas a seguir, além de confirmar os princípios e diretrizes da harmonização, abre caminho para imitações ou para inovações.

Elas baseiam-se nos princípios de equilíbrio, harmonia e realce, mas apresentam também um forte componente de longa tradição, com que os países jovens, do Novo Mundo, não podem contar ainda.

Do ponto de vista histórico, isso se deve a séculos de transportes precários e situações bélicas na Europa, que implicaram a necessidade de autossuficiência de comida e vinho em cada região isolada.

Os exemplos servem para fixar, com a habitual flexibilidade, o que se procurou mostrar na primeira parte.

COMIDAS REGIONAIS FRANCESAS

A culinária francesa é certamente a mais influente do mundo e a mais associada à sofisticação. Defini-la não é fácil: pode-se falar em cozinha regional, alta cozinha, cozinha caseira, *nouvelle cuisine*, *fusión* etc.

Em termos qualitativos, seus vinhos contam-se entre os mais significativos do mundo, alguns deles os mais importantes de todos.

Na lista que se segue, os nomes originais dos pratos aparecem entre parênteses.

especialidades diversas

Alcachofras com *champignons* e presunto *(Artichauts à la barigoule)*
Região: Provence / **Vinho regional:** Rosé de Provence

Aspargos recém-colhidos da região do Tricastin *(Asperges du Tricastin)*
Região: Rhône / **Vinho regional:** Châteauneuf-du-Pape Blanc

Aspargos alsacianos recém-colhidos, na manteiga *(Asperges primeur)*
Região: Alsace / **Vinho regional:** branco Muscat d'Alsace

Bolo rústico de abóbora, dos vindimadores *(Chamour)*
Região: Beaujolais / **Vinho regional:** Beaujolais Rosé (uva Gamay)

Foie gras **fresco com uvas, à bordalesa** *(Foie gras bordelais)*
Região: Bordeaux / **Vinho regional:** branco doce de Sauternes

Torta de beterraba, com uvas e pinhões *(Tarte aux blettes)*
Região: Provence / **Vinho regional:** Rosé de Provence

Torta salgada de cebola e enchovas *(Pissaladière)*
Região: Provence / **Vinho regional:** Rosé de Provence

Linguiça defumada de Morteau em fogo de sarmento *(Jésus de Morteau)*
Região: Jura / **Vinho regional:** Arbois Rouge maduro

Salsichão quente no brioche com pistache *(Saucisson chaud en brioche)*
Região: Beaujolais / **Vinho regional:** Saint-Amour Cru Beaujolais

Salsichão tipo *sabot* **cozido com lentilhas** *(Sabodet)*
Região: Beaujolais / **Vinho regional:** Julienas Cru Beaujolais

Camadas de presunto entremeadas de salsa e alho *(Jambón persillé)*
Região: Bourgogne / **Vinho regional:** tinto Côtes de Beaune

Presunto no osso com molho de creme ao vinho branco *(Saupiquet)*
Região: Bourgogne / **Vinho regional:** Chablis Premier Cru

Linguiça de miúdos cozida, suspensa em barbante *(Andouillete à la ficelle)*
Região: Beaujolais / **Vinho regional:** Beaujolais Blanc (Chardonnay)

Linguiça de miúdos da cidade de Troyes *(Andouillete de Troyes)*
Região: Champagne / **Vinho regional:** Champagne Brut

Torresmos e porco em conserva da Touraine *(Rillons e Rilletes de Tours)*
Região: Loire / **Vinho regional:** Vouvray Blanc demi-sec (uva Chenin)

Pastel com recheio de queijo gruyère *(Gougères)*
Região: Bourgogne / **Vinho regional:** branco Bourgogne Aligoté

***Escargots* ao creme de alho e salsa** *(Escargots à la bourguignone)*
Região: Bourgogne / **Vinho regional:** Chablis Premier Cru

Ovos em molho de vinho, com torradas ao alho *(Oeufs em meurette)*
Região: Bourgogne / **Vinho regional:** tinto de Givry (uva Pinot Noir)

Omelete malpassada salpicada com trufas negras *(Omelette aux truffes)*
Região: Rhône / **Vinho regional:** Tavel Rosé (uva Grenache)

Panela de toucinho, salsichas e presunto cozidos *(Potée champenoise)*
Região: Champagne / **Vinho regional:** tinto de Bouzy (na Champagne)

Guisado de cogumelos bordaleses *(Fricassé de cèpes)*
Região: Bordeaux / **Vinho regional:** Médoc (uva Cabernet Sauvignon)

Melão com presunto serrano ao vinho doce *(Melon et jambon de montagne)*
Região: Rhône / **Vinho regional:** tinto doce de Rasteau

peixes e frutos do mar

Ostras da Bacia de Arcachon com linguicinhas *(Huîtres d'Arcachon)*
Região: Bordeaux / **Vinho regional:** Entre-Deux-Mers (Sauvignon Blanc)

Pequenas enguias fritas, com gotas de limão *(Pibales frites)*
Região: Bordeaux / **Vinho regional:** branco Entre-deux-Mers

Linguado cozido ao molho de champanhe *(Sole au Champagne)*
Região: Champagne / **Vinho regional:** Champagne Blanc de Blancs

Salmonetes salteados com tomate, azeitonas e alho *(Rougets à la niçoise)*
Região: Provence / **Vinho regional:** Bellet Rosé

Trutas cozidas com salsa, cogumelos e amêndoas *(Truites aux amandes)*
Região: Jura / **Vinho regional:** Jura blanc l'Étoile (uva Savagnin)

Caldeirada de peixes de rio no vinho branco *(Pochouse)*
Região: Bourgogne / **Vinho regional:** branco de Rully

Caldeirada de peixes com azeite, no pão tostado ao alho *(Bouillabaisse)*
Região: Provence / **Vinho regional:** branco de Cassis (Provence)

Sopa provençal de peixes brancos com pão tostado ao alho *(Bourride)*
Região: Provence / **Vinho regional:** branco Côtes de Provence

Caldeirada de pequenas enguias no vinho tinto *(Matelote d'anguilles)*
Região: Loire / **Vinho regional:** tinto Bourgueil (uva Cabernet Franc)

Perca na manteiga, vinagre e alho *(Sandre au beurre blanc)*
Região: Loire / **Vinho regional:** Vouvray Blanc seco (uva Chenin)

Perca ao vinho branco da Riesling *(Sandre au Riesling)*
Região: Alsace / **Vinho regional:** Alsace Riesling

Robalo grelhado ao funcho *(Loup-de-mer grillé au fenouil)*
Região: Provence / **Vinho regional:** branco de Palette

Fritura simples de peixes de água doce *(Friture de Loire)*
Região: Loire / **Vinho regional:** Cheverny Blanc

Lampreia em postas cozidas no vinho tinto *(Lamproie à la bordelaise)*
Região: Bordeaux / **Vinho regional:** Saint-Emilion (uva Merlot)

aves

Frango ao creme, com estragão e massinhas *(Fricassé de poulet)*
Região: Alsace / **Vinho regional:** Alsace Pinot Gris

Frango cozido com cogumelos e ervas *(Poulet à la champenoise)*
Região: Champagne / **Vinho regional:** Champagne Rosé

Frango com chouriço ao *vin jaune* *(Poulet aux morilles)*
Região: Jura / **Vinho regional:** Château Chalon

Galo cozido no vinho tinto de Bouzy *(Coq au Bouzy)*
Região: Champagne / **Vinho regional:** tinto de Bouzy (uva Pinot Noir)

Galo cozido em vinho tinto à bourguignone *(Coq au vin)*
Região: Bourgogne / **Vinho regional:** tinto Gevrey-Chambertin.

Galo cozido no beaujolais tinto *(Coq au vin beaujolais)*
Região: Beaujolais / **Vinho regional:** Moulin-à-Vent Cru Beaujolais

Galo cozido no *vin jaune* *(Coq au vin jaune)*
Região: Jura / **Vinho regional:** Château Chalon

Galinha d'angola com pêssegos *(Pintadeau aux pêches)*
Região: Rhône / **Vinho regional:** Côtes du Rhône Villages (uva Grenache)

Terrine de carne de tordo cozida *(Pâté de grive)*
Região: Rhône / **Vinho regional:** Côte du Rhône Villages

carnes

Carne recheada ao vinho tinto *(Daube au Châteauneuf)*
Região: Rhône / **Vinho regional:** Châteauneuf-du-Pape tinto

Carne bovina marinada em vinho e estufada *(Estoufade de boeuf)*
Região: Provence / **Vinho regional:** tinto de Bandol

Coelho assado, com mostarda de Dijon *(Lapin à la dijonnaise)*
Região: Bourgogne / **Vinho regional:** tinto de Volnay

***Entrecôte* grelhado no tempero de alho** *(Entrecôte à la bordelaise)*
Região: Bordeaux / **Vinho regional:** Graves Rouge

Guisado de carne bovina, suína e ovina com cebola e batatas *(Baeckoffe)*
Região: Alsace / **Vinho regional:** Edelzwicker (corte de uvas brancas)

Guisado de carneiro e toucinho no vinho *(Ragout de mouton au vin)*
Região: Beaujolais / **Vinho regional:** Beaujolais Côte de Brouilly

Guisado de lebre em tempero forte *(Civet de liévre)*
Região: Alsace / **Vinho regional:** Alsace Pinot Gris

Guisado de faisão à moda da Sologne *(Poule faisane a la solognote)*
Região: Loire / **Vinho regional:** Chinon (Cabernet Franc)

Pedacinhos de porco com ameixas secas *(Noisette de porc aux pruneaux)*
Região: Loire / **Vinho regional:** Chinon (Cabernet Franc)

Perna de cordeiro assada no tempero de alho e azeite *(Gigot d'agneau)*
Região: Bordeaux / **Vinho regional:** tinto maduro do Médoc

COMIDAS REGIONAIS ITALIANAS

A cozinha italiana, tão popular entre nós, não se destaca pela sofisticação e refinamento, mas sua abrangência internacional é insuperável.

A imagem traçada por Hugh Johnson para dizer da importância italiana no mundo dos vinhos também impressiona: "... a Itália esteve sempre no centro da praça da civilização como se fosse uma fonte barroca, intocada... jorrando torrentes de vinhos de todos os tipos e aspectos".

Nos exemplos que se seguem, associam-se comidas de cada região aos vinhos locais. Entre parênteses, o título original do prato.

especialidades diversas

Almôndegas grandes de carne vermelha temperada *(Polpettone)*
Região: Sicília / **Vinho regional:** tinto Nero Davola (uva do mesmo nome)

Aspargos brancos ao molho de ovos, vinagre e azeite *(Asparagi in salsa)*
Região: Veneto / **Vinho regional:** Gambellara Bianco (uva Garganega)

Batatas e vegetais em arroz com carne e frutos do mar *(Tiella)*
Região: Puglia / **Vinho regional:** Castel del Monte Rosato

Caldo quente de aipo, funcho e alcachofras com enchovas *(Bagna caoda)*
Região: Piemonte / **Vinho regional:** Barbera d'Alba (uva Barbera)

Consomé **com cogumelos porcini e tomate** *(Acquacotta)*
Região: Toscana / **Vinho regional:** tinto Brusco dei Barbi (uva Sangiovese)

Ensopado de beringela, pimentão e tomate *(Ciammotta)*
Região: Basilicata / **Vinho regional:** branco Malvasia del Vulture

Fígado de novilho cozido no vinho com cebolas *(Fegato alla veneziana)*
Região: Veneto / **Vinho regional:** tinto Breganze (uva Cabernet Franc)

Miúdos de carneiro, queijo e toucinho assados no carvão *(Gniumerieddi)*
Região: Puglia / **Vinho regional:** Primitivo di Mandúria (uva Primitivo)

Miúdos de carneiro com queijo e presunto no vinho tinto *(Cazmarr)*
Região: Basilicata / **Vinho regional:** Aglianico del Vulture (uva Aglianico)

Massa frita recoberta com *mozzarella* **derretida** *(Mozzarella in carozza)*
Região: Campânia / **Vinho regional:** branco Fiano di Avelino

Panqueca de trigo com salsicha, toucinho, cebola e queijo *(Smacafam)*
Região: Trentino / **Vinho regional:** tinto Marzemino

Pastéis recheados com toucinho, torresmo e queijo *(Burlenghi)*
Região: Emilia-Romagna / **Vinho regional:** frisante Lambrusco di Sorbara

Pastéis de ricota e presunto fritos em óleo *(Calcioni di ricotta)*
Região: Molise / **Vinho regional:** Bianco del Molise (uva Trebbiano)

Patê de fígado de galinha na crosta de pão *(Crostini di fegato)*
Região: Toscana / **Vinho regional:** Chianti simples (uva Sangiovese)

Presunto, salame e queijo de ovelha no pão achatado *(Piadina)*
Região: Emilia-Romagna / **Vinho regional:** Sangiovese di Romagna

Prato frio de beringela, abobrinha e cebola cozidas *(Cianfotta)*
Região: Campânia / **Vinho regional:** branco Greco di Tufo (uva Greco)

Salada de tomate, cebola e manjericão com migas de pão *(Panzanella)*
Região: Toscana / **Vinho regional:** branco Vernaccia di San Gimignano

Sopa de peixe apimentada com torradas e alho *(Cacciucco alla livornese)*
Região: Toscana / **Vinho regional:** branco Grattamaco (uva Trebbiano)

Sopa de bucho, condimentada *(Busecca in brodo)*
Região: Lombardia / **Vinho regional:** Franciacorta Rosso

Sopa cremosa de espinafre e fubá *(Paparot)*
Região: Friuli / **Vinho regional:** branco Pinot Grigio

Sopa de sete ingredientes de Teramo *(Minestra "Le sette virtú")*
Região: Abruzzo / **Vinho regional:** rosé Montepulciano Cerasuolo

Torta de atum e enchova, azeitonas e alcaparras *(Pitta chicculiata)*
Região: Calábria / **Vinho regional:** Ciró Rosato (uva Gaglioppo)

massas

Chapeuzinhos com recheio de carne na sopa *(Cappelletti in brodo)*
Região: Emilia-Romagna / **Vinho regional:** Albana di Romagna seco

Espaguete em molho de linguiça e creme de cebola *(Spaghetti alla norcina)*
Região: Úmbria / **Vinho regional:** branco Orvieto Clássico (uva Trebbiano)

***Fettucini* na manteiga, ao creme e parmesão** *(Fettuccine al burro)*
Região: Lazio / **Vinho regional:** Frascati Superiore (uva Trebbiano)

Lasanha verde, camadas de carne e bechamel *(Lasagne verdi al forno)*
Região: Emilia Romagna / **Vinho regional:** frisabnte Lambrusco di Sorbara

Lasanha entremeada de carne suína, ervilhas e cogumelos *(Sagne chine)*
Região: Calábria / **Vinho regional:** Ciró Rosso (uva Gaglioppo)

Massa enrolada com recheio de abóbora e noz-moscada *(Tortelli di zuca)*
Região: Lombardia / **Vinho Regional:** branco Lugana (uva Trebbiano)

Massas com enchova, azeitonas e alcaparras *(Pasta alla puttanesca)*
Região: Campânia / **Vinho regional:** branco Fiano di Avellino.

Massinhas em forma de búzios com arruda *(Cavatieddi con la ruca)*
Região: Puglia / **Vinho regional:** Rosato di Salento (uva Negroamaro)

Massa vazada com molho de tomate e porco *(Bucatini alla matriciana)*
Região: Lazio / **Vinho regional:** Castelli Romani Rosato

Massa larga recortada, com ragu de carne *(Maccheroni alla chitarra)*
Região: Abruzzo / **Vinho regional:** tinto Montepulciano d'Abruzzo

Massa com sardinhas e funcho de Palermo *(Pasta com le sarde)*
Região: Sicília / **Vinho regional:** Corvo Bianco (uva Insolia)

Massa tipo orelhinhas com folhas de nabo *(Orecchiette com cime di rapa)*
Região: Puglia / **Vinho regional:** Castel del Monte rosato

Talharins largos com molho de lebre *(Pappardelle alla lepre)*
Região: Toscana / **Vinho regional:** Chianti Rufina (uva Sangiovese)

Macarrão curto perugino ao alho e óleo *(Stringozzi)*
Região: Úmbria / **Vinho regional:** Torgiano Bianco (uva Trebbiano)

peixes e frutos do mar

Truta do Valle d'Aosta cozida na manteiga *(Trota Valdostana)*
Região: Valle d'Aosta / **Vinho regional:** Blanc de Morgex

Filé de peixe-espada grelhado, recheado de queijo *(Braccioli di pesce spada)*
Região: Sicília / **Vinho regional:** Regaleali Bianco (uva Insolia e outras)

Peixe-espada com alcaparras, pimenta e ervas *(Pesce spada alla calabrese)*
Região: Calábria / **Vinho regional:** Ciró Bianco (uva Greco Bianco)

Perca marinha ao vinho branco, tomate e tempero *(Branzino in tegame)*
Região: Ligúria / **Vinho regional:** branco Vermentino (uva Vermentino)

Sopa de peixes do Mar Adriático *(Brodetto di Ancona)*
Região: Marches / **Vinho regional:** branco Castelli di Jesi (uva Verdicchio)

Sopa de peixes de Pescara com pimentão *(Brodetto pescarese)*
Região: Abruzzo / **Vinho regional:** branco Trebbiano d'Abruzzo

Atum calabrês cozido em molho agridoce *(Alalonga in agrodolce)*
Região: Calábria / **Vinho regional:** Ciró Rosato (uva Gaglioppo)

Mexilhões cozidos no azeite, com salsa, de Lecce *(Cozze alla leccese)*
Região: Puglia / **Vinho regional:** Locorotondo bianco (uva Verdeca)

Ostras cozidas no azeite, na farinha de rosca *(Ostricche alla tarantina)*
Região: Puglia / **Vinho regional:** Locorotondo bianco (uva Verdecca)

Caranguejo tipo santola, com azeite e limão *(Granzeola alla veneziana)*
Região: Veneto / **Vinho regional:** Bianco di Custoza (uva Trebbiano)

Risoto azul escuro de lulas em sua tinta *(Risotto Nero)*
Região: Veneto / **Vinho regional:** branco Soave Clássico (uva Garganega)

aves

Pato cozido com *bacon*, no vinho tinto *(Anatra alla Romagnola)*
Região: Emilia-Romagna / **Vinho regional:** Sangiovese di Romagna

Galinha d'angola ao vinho tinto, cebola e alecrim *(Faraona in potacchio)*
Região: Marches / **Vinho regional:** Rosso Conero (uva Montepulciano)

Tordos grelhados no espeto *(Tordi allo spiedo)*
Região: Toscana / **Vinho regional:** Brunello di Montalcino

Pomba grelhada no espeto com molho de ervas *(Palomba alla ghiotta)*
Região: Umbria / **Vinho regional:** Torgiano Rosso (uva Sangiovese)

Pombos no espeto com molho de ervas e polenta *(Torresani alla peverada)*
Região: Veneto / **Vinho regional:** Amarone della Valpolicela

carnes

Carne assada em forma de címbalo com vegetais e queijo *(Stracci)*
Região: Abruzzo / **Vinho regional:** Montepulciano d'Abruzzo

Bife espesso malpassado com feijão e azeite *(Bistecca fiorentina)*
Região: Toscana / **Vinho regional:** Chianti Clássico Riserva

Lombo de porco assado ao molho de alho e alecrim *(Arista)*
Região: Toscana / **Vinho regional:** Nobile di Montepulciano

Cabrito assado em molho agridoce *(Capretto in agrodolce)*
Região: Campânia / **Vinho regional:** tinto Taurasi (uva Aglianico)

Cabrito assado condimentado *(Capretto arrosto alla piemontese)*
Região: Piemonte / **Vinho regional:** Barbaresco (uva Nebbiolo)

Cabrito montês alpino cozido no vinagre, com polenta *(Gemsenfleisch)*
Região: Trentino / **Vinho regional:** tinto Lagrein Dunkel

Carne de porco cozida com tomate e pimenta *(Mursiellu)*
Região: Calábria / **Vinho regional:** Ciró Rosso (uva Gaglioppo)

Carne de veado cozida na grapa, com vegetais *(Capriuolo alla valdostana)*
Região: Valle d'Aosta / **Vinho regional:** Enfer d'Arvier

Coelho cozido no vinho tinto, alecrim e azeitonas *(Coniglio al Rossese)*
Região: Ligúria / **Vinho regional:** tinto Rossese di Dolceacqua

Cordeiro e porco grelhados no espeto (nos quiosques) *(Rosticini in spiedo)*
Região: Abruzzo / **Vinho regional:** tinto Montepulciano d'Abruzzo

Cordeiro apimentado, frito no vinho tinto *(Agnello alla diavola)*
Região: Abruzzo / **Vinho regional:** tinto Montepulciano d'Abruzzo

Cordeiro assado no papel-alumínio, com cebola *(Agnello al cartoccio)*
Região: Puglia / **Vinho regional:** tinto Negroamaro (uva do mesmo nome)

Cordeiro marinado e cozido em pote de cerâmica *(Pignata)*
Região: Basilicata / **Vinho regional:** Aglianico del Vulture (uva Aglianico)

Cordeiro cozido com anchovas e alecrim *(Abbacchio alla cacciatora)*
Região: Lazio / **Vinho regional:** tinto Torre Ercolana (uva Merlot)

Cordeiro cozido ao funcho, cebola e tomate *(Agnello ai finocchietti)*
Região: Sardenha / **Vinho regional:** Cannonau di Sardegna seco

Costeleta de vitela à milanesa com batatas *(Costoletta alla milanese)*
Região: Lombardia / **Vinho regional:** tinto Oltrepò Pavese

Costeleta de vitela na farinha de rosca *(Costoletta alla valdostana)*
Região: Valle d'Aosta / **Vinho regional:** tinto Donnaz (uva Nebbiolo)

Filé de vitela salteado, com presunto e sálvia *(Saltimbocca alla romana)*
Região: Lazio / **Vinho regional:** Rosso Fiorano (uva Merlot)

Filé de vitela cozido no vinho, com nhoque *(Pastissata di manzo)*
Região: Veneto / **Vinho regional:** tinto Venegazù (uva Merlot)

Filé de vitela com molho de atum *(Vitello tonnato)*
Região: Lombardia / **Vinho regional:** espumante Franciacorta Pinot

Lebre marinada no vinho com temperos, em pote cerâmico *(Lepre al sivè)*
Região: Piemonte / **Vinho regional:** Gattinara (uva Nebbiolo e outras)

OUTRAS COMIDAS E VINHOS REGIONAIS

As cozinhas da Península Ibérica e de outros países europeus, com influência no Brasil, rivalizam com Itália e França em sabor e qualidade.

E seus vinhos não ficam atrás, complementando os pratos regionais com toda correção.

Tortilha, mariscos, azeitonas, queijos etc. em pequenas porções *(Tapas)*
Região: Andaluzia / **Vinho regional:** Jerez Fino ou Manzanilla

Ensopado de alcachofras com ervilhas *(Alcauciles com chicharros)*
Região: Rueda, Espanha / **Vinho regional:** Rueda Blanco seco (uva Viura)

Sopa fria de pão, azeite, alho e cebola, em água *(Gaspacho)*
Região: Andaluzia / **Vinho regional:** Jerez Fino ou Manzanilla

Sopa quente de batatas com couve e pedaços de chouriço *(Caldo Verde)*
Região: Minho / **Vinho regional:** Vinho Verde tinto

Arroz ao açafrão com peixes, mariscos e aves *(Paella)*
Região: Rioja / **Vinho regional:** Rioja Blanco (uva Viura)

Arroz ao açafrão com carne de coelho *(Paella valenciana)*
Região: Valência / **Vinho regional:** Valencia Rosado (uva Garnacha)

Carne de caranguejo assada com recheio de cebola *(Cangrejo relleno)*
Região: Galícia / **Vinho regional:** branco seco Albariño

Sardinhas portuguesas grelhadas com limão *(Sardinhas grelhadas)*
Região: Minho / **Vinho regional:** Vinho Verde branco

Lúcio (peixe do Danúbio) frito ao alho *(Gebratenhecht)*
Região: Viena, Áustria / **Vinho regional:** branco Grüner Veltliner

Peixe cozido ao molho de maçã e raiz forte, com pepinos *(Tafelspitz)*
Região: Áustria / **Vinho regional:** tinto Blaufränkisch seco leve

Bacalhau seco cozido com azeite e batatas *(Bacalhau à portuguesa)*
Região: Portugal / **Vinho regional:** Vinho Verde Tinto

Bacalhau com passas e pinhões à moda catalã *(Bacalao a la Catalana)*
Região: Catalunha / **Vinho regional:** Penedès Blanco (uva Macabeo)

Ensopado de peixes de rio com vegetais cozidos *(Caldereta ribereña)*
Região: Norte da Espanha / **Vinho regional:** Rueda Blanco

Pequenos peixes de água doce, fritos *(Meerefischli)*
Região: Francônia, Alemanha / **Vinho regional:** Franken "trocken"

Ensopado de linguiça, presunto, tutano e grão de bico *(Cocido madrileño)*
Região: Centro da Espanha / **Vinho regional:** Toro tinto (uva Tempranillo)

Rins de boi cozidos em molho de Jerez *(Riñones al Jerez)*
Região: Andaluzia / **Vinho regional:** Jerez Amontillado

Bife de vitela empanado, com salada de batatas *(Wienerschnitzel)*
Região: Áustria / **Vinho regional:** branco Weissburgunder

Coelho cozido, marinado em vinho tinto e ervas *(Conejo a la Catalana)*
Região: Catalunha / **Vinho regional:** Priorato (uva Garnacha)

Porções de leitão novo, assado inteiro lentamente *(Leitão da Bairrada)*
Região: Bairrada, Portugal / **Vinho regional:** Bairrada tinto (uva Baga)

Assado picante de porco, temperado com páprica forte *(Schindelbraten)*
Região: Viena, Áustria / **Vinho regional:** branco Grüner Veltliner

Carne assada, marinada em vinho tinto, com frutas secas *(Sauerbraten)*
Região: Renânia / **Vinho regional:** tinto Rheingau Spätburgunder

Fatias finas de carne bovina seca com pimenta-do-reino *(Bundnerfleisch)*
Região: Suíça / **Vinho regional:** tinto Blauburgunder (Pinot Noir suíço)

capítulo 6

Escolhendo o Vinho

As diretrizes apontadas na primeira parte são, assim, confirmadas pelas combinações regionais do capítulo anterior.

Podemos facilitar a escolha do vinho, na prática, com o uso do quadro memorizador abaixo, com letras inclinadas:

1. estrutura	*leve*	*bom corpo*	*encorpado*
2. cor	*branco*	*rosado*	*tinto*
3. aromas	*normal*	*aromático*	*perfumado*
4. doçura	*seco*	*suave*	*doce*
5. idade	*jovem*	*maduro*	*envelhecido*
6. efervescência	*tranquilo*	*frisante*	*espumante*
7. vinificação	*padrão*	*alcoólico*	*fortificado*

1. escolha em função do peso da comida

2. de acordo com a necessidade de acidez ou de taninos

3. de acordo com a intensidade aromática da comida

4. comida requer ou não doçura no vinho

5. acidez e tanicidade diminuem com o tempo

6. aumento de frescor e ajuste do hálito

7. se a comida requer mais ou menos álcool

Um *Champagne brut* milesimado com dois anos seria assim definido:

leve	✓ **bom corpo**	encorpado
✓ **branco**	rosado	tinto
normal	✓ **aromático**	perfumado
✓ **seco**	suave	doce
✓ **jovem**	maduro	envelhecido
tranquilo	frisante	✓ **espumante**
✓ **padrão**	alcoólico	fortificado

Um Barolo com dez anos:

leve	bom corpo	✓ **encorpado**
branco	rosado	✓ **tinto**
normal	✓ **aromático**	perfumado
✓ **seco**	suave	doce
jovem	✓ **maduro**	envelhecido
✓ **tranquilo**	frisante	espumante
✓ **padrão**	alcoólico	fortificado

Um Porto Ruby:

leve	bom corpo	✓ **encorpado**
branco	rosado	✓ **tinto**
normal	✓ **aromático**	perfumado
seco	suave	✓ **doce**
✓ **jovem**	maduro	envelhecido
✓ **tranquilo**	frisante	espumante
padrão	alcoólico	✓ **fortificado**

Passemos então a exemplificar a escolha do vinho com a ajuda desse quadro. Na lateral esquerda, são dadas as razões da escolha.

exemplo 1

Frutos do mar – Prato frio de frutos do mar com camarões, lagosta, ostras e vieiras em berço de gelo.

comida leve	✓ *leve*	*bom corpo*	*encorpado*
não pede taninos	✓ *branco*	*rosado*	*tinto*
realçar aromas sutis	*normal*	✓ *aromático*	*perfumado*
não pede açúcar	✓ *seco*	*suave*	*doce*
requer acidez	✓ *jovem*	*maduro*	*envelhecido*
frescor, hálito neutro	✓ *tranquilo*	*frisante*	*espumante*
não requer muito álcool	✓ *padrão*	*alcoólico*	*fortificado*

do Velho Mundo: Petit Chablis, Albariño, Franken, Muscadet
do Novo Mundo: Sauvignon Blanc
do Brasil: Chardonnay da Serra Gaúcha, Chardonnay catarinense

exemplo 2

Ovos – Omelete simples com queijo branco.

comida leve	✓ *leve*	*bom corpo*	*encorpado*
não pede taninos	✓ *branco*	*rosado*	*tinto*
realçar aromas sutis	*normal*	✓ *aromático*	*perfumado*
não pede açúcar	✓ *seco*	*suave*	*doce*
requer acidez	✓ *jovem*	*maduro*	*envelhecido*
frescor, hálito neutro	✓ *tranquilo*	*frisante*	*espumante*
não requer muito álcool	✓ *padrão*	*alcoólico*	*fortificado*

do Velho Mundo: Loire Savennières, Orvieto, Rueda, Arinto
do Novo Mundo: Chenin sul africano
do Brasil: Riesling Itálico, Chardonnay sem madeira

exemplo 3

Massas – Talharins largos com guisado de cogumelos (*papardelle al ragu di funghi*).

prato de médio peso	leve	✓ **bom corpo**	encorpado
taninos p/ a untuosidade	branco	rosado	✓ **tinto**
adicionar aroma a massa	normal	✓ **aromático**	perfumado
não pede açúcar	✓ **seco**	suave	doce
requer taninos e acidez	✓ **jovem**	maduro	envelhecido
frescor, hálito neutro	✓ **tranquilo**	frisante	espumante
não requer muito álcool	✓ **padrão**	alcoólico	fortificado

do Velho Mundo: Crozes Hermitage, Rioja Crianza
do Novo Mundo: Malbec ou Shiraz argentino, Merlot californiano
do Brasil: Merlot do Vale dos Vinhedos

exemplo 4

Peixe – Fatia espessa de salmão fresco grelhado.

peixe estruturado	leve	✓ **bom corpo**	encorpado
pouco suculento	✓ **branco**	rosado	tinto
adicionar aromas	normal	✓ **aromático**	perfumado
não requer açúcar	✓ **seco**	suave	doce
pede acidez	✓ **jovem**	maduro	envelhecido
frescor, hálito neutro	✓ **tranquilo**	frisante	espumante
não requer muito álcool	✓ **padrão**	alcoólico	fortificado

do Velho Mundo: Chablis Premier Cru
do Novo Mundo: branco seco Chardonnays

exemplo 5

Carnes – Rabada de vitela em molho de tomate com manjericão e alho-poró.

prato pesado	leve	bom corpo ✓	**encorpado**
untuosidade pede taninos	branco	rosado	✓ **tinto**
aromas de ervas no prato	normal	✓ **aromático**	perfumado
não requer açúcar	✓ **seco**	suave	doce
ajustar a condimentação	jovem	✓ **maduro**	envelhecido
frescor, hálito neutro	✓ **tranquilo**	frisante	espumante
não requer muito álcool	✓ **padrão**	alcoólico	fortificado

do Velho Mundo: Barolo, Priorato, Bairrada
do Novo Mundo: Zinfandel (USA), Carmenère (Chile), Tannat (Uruguai)

exemplo 6

Aves – Codornas assadas recheadas com *funghi*, cebolas e damasco com purê de tomilho.

peixe estruturado	leve	bom corpo ✓	**encorpado**
pouco suculento	branco	rosado	✓ **tinto**
adicionar aromas	normal	✓ **aromático**	perfumado
não requer açúcar	✓ **seco**	suave	doce
pede acidez	jovem	✓ **maduro**	envelhecido
frescor, hálito neutro	✓ **tranquilo**	frisante	espumante
não requer muito álcool	✓ **padrão**	alcoólico	fortificado

do Velho Mundo: Rioja Reserva, Barbaresco, Cornas
do Novo Mundo: Tempranilo argentino, Pinot Noir do Oregon
do Brasil: Merlot do Vale dos Vinhedos maduro

exemplo 7

Aves – Peito de pato fatiado (*magret de canard*), bem temperado, com molho abaunilhado.

prato pesado	leve	bom corpo	✓ **encorpado**
untuosidade pede taninos	branco	rosado	✓ **tinto**
ajuste com tomilho	normal	✓ **aromático**	perfumado
não requer açúcar	✓ **seco**	suave	doce
condimentação requer maciez	jovem	maduro	✓ **envelhecido**
frescor, hálito neutro	✓ **tranquilo**	frisante	espumante
não requer muito álcool	✓ **padrão**	alcoólico	fortificado

do Velho Mundo: Médoc, Pomerol, Barolo

exemplo 8

Aves – Pato com laranja (*canard à l'orange*).

comida opulenta	leve	bom corpo	✓ **encorpado**
acidez crítica na comida	✓ **branco**	rosado	tinto
prato de aroma marcante	normal	aromático	✓ **perfumado**
não pede açúcar	✓ **seco**	suave	doce
acidez presente	✓ **jovem**	maduro	envelhecido
frescor, hálito neutro	✓ **tranquilo**	frisante	espumante
não pede muito álcool	✓ **padrão**	alcoólico	fortificado

do Velho Mundo: Alsace Gewürztraminer, Rhône Château Grillet
do Novo Mundo: Viognier californiano, Torrontés argentino
do Brasil: Gewürztraminer gaúcho

exemplo 9

Queijos azuis – Gorgonzola, Roquefort, Stilton, com veios azuis odoríferos de caráter fúngico.

queijo gorduroso pesado	leve	bom corpo	✓ **encorpado**
requer taninos	branco	rosado	✓ **tinto**
aroma marcante	normal	✓ **aromático**	perfumado
ajustar o amargor fúngico	seco	suave	✓ **doce**
acidez presente	jovem	✓ **maduro**	envelhecido
frescor, hálito neutro	✓ **tranquilo**	frisante	espumante
requer maciez alcoólica	padrão	alcoólico	✓ **fortificado**

do Velho Mundo: Vinho do Porto, Mavrodaphne, Rasteau, Banyuls

EXEMPLOS

Seguem-se vários casos para exercitar o uso da metodologia sugerida:

Prato: Salada fria de abobrinha ralada e coentro, sem cozimento.
Ingredientes: *Abobrinhas, coentro, molho de pimenta, suco de limão.*
Vinho: Leve, branco, aromático, seco, jovem, tranquilo, padrão.
Exemplos: *Riesling alemão, Pinot Grigio, Sauvignon Blanc chileno.*

Prato: Alcachofras refogadas, com azeite de oliva, à moda italiana.
Ingredientes: *Alcachofras frescas, salsinha, tomilho, azeite, hortelã.*
Vinho: Bom corpo, branco, aromático, seco, jovem, tranquilo, padrão.
Exemplos: *Savennieres, Chenin sul-africano, Sauvignon neozelandês.*

Prato: Aspargos abafados na manteiga.
Ingredientes: *Aspargos brancos, manteiga, suco de limão, sal e pimenta.*
Vinho: Leve, branco, aromático, seco, jovem, tranquilo, padrão.
Exemplos: *Bordeaux Blanc, Sauvignon Blanc chileno, Riesling Kabinett.*

Prato: Sushi, sashimi e ovas de peixe com molho de soja e raiz forte.
Ingredientes: *Peixes crus, ovas, arroz, raiz forte, molho de soja, gengibre.*
Vinho: Leve, branco, aromático, seco, jovem, espumante, padrão.
Exemplos: *Champagne, Cava, Sekt, Spumante, espumantes brasileiros.*

Prato: Lagosta ao forno, na manteiga, com estragão.
Ingredientes: *Lagosta, manteiga, estragão, sal e pimenta.*
Vinho: Encorpado, branco, aromático, seco, maduro, tranquilo, padrão.
Exemplos: *Bourgogne Blanc, Graves Blanc, Condrieu, Viognier.*

Prato: Linguado assado com batatas cozidas.
Ingredientes: *Linguado fresco, caldo de peixe, limão, batatas, manteiga.*
Vinho: Bom corpo, branco, aromático, seco, jovem, tranquilo, padrão.
Exemplos: *Bourgogne Blanc, Graves Blanc, Chardonnay do Novo Mundo.*

Prato: Bacalhau em postas cozido à portuguesa.
Ingredientes: *Bacalhau, ovos, azeite, vinho branco, molho de cebola.*
Vinho: Bom corpo, branco, aromático, seco, maduro, tranquilo, padrão.
Exemplos: *Cova da Ursa, Chablis Premier Cru, Chardonnay Novo Mundo.*

Prato: Coxas de frango grelhadas, marinadas em mel e vinagre balsâmico.
Ingredientes: *Coxas de frango, pimenta, azeite, mel, vinagre balsâmico.*
Vinho: Bom corpo, tinto, normal, seco, jovem, tranquilo, padrão.
Exemplos: Beaujolais Villages, Barbera, Bardolino, Cabernet Franc.

Prato: Pato assado na manteiga, com louro.
Ingredientes: *Pato novo inteiro, louro, manteiga, pimenta-do-reino.*
Vinho: Encorpado, tinto, normal, seco, maduro, tranquilo, alcoólico.
Exemplos: *Pomerol, Hermitage, Shiraz australiano, Carmenère do Chile.*

Prato: Filé-mignon assado, com batatas gratinadas, molho de carne.
Ingredientes: *Filé-mignon (carne bovina), manteiga, pimenta, batatas.*
Vinho: Encorpado, tinto, normal, seco, maduro, tranquilo, padrão.
Exemplos: *Médoc, Barolo, Chianti Clássico, Cabernet Sauvignon.*

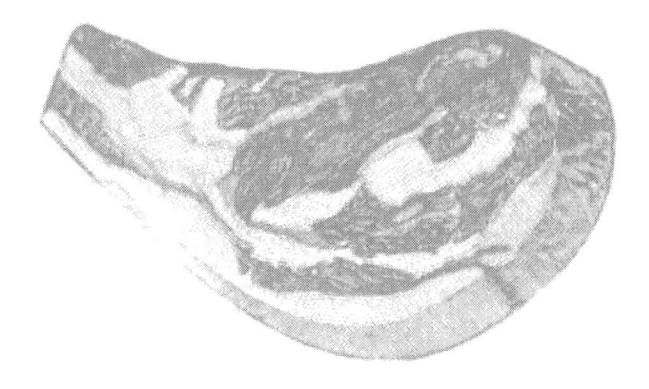

COMIDAS INTERNACIONAIS E SEUS VINHOS

Listam-se a seguir algumas combinações baseadas no uso da metodologia sugerida. A lista merece as seguintes observações:

- os vinhos são sugeridos como uma primeira ideia, a ser detalhada caso a caso, conforme os molhos, o acompanhamento, o modo de cozimento etc;
- em alguns casos, sugere-se mais de um vinho para o mesmo prato;
- NM significa "Novo Mundo", facilitando a aplicação no Brasil;
- LH (*Late Harvest*) significa vinho doce de colheita tardia;
- a gradação da acidez, de menos para mais, é: fresco, vivo, nervoso.

Abacate	branco suave fresco leve, aromático, Riesling alemão
Acarajé	espumante branco seco fresco, espumante brasileiro
Aïoli	branco seco vivo, bom corpo, Chardonnay sem madeira
Alcachofra	branco seco fresco, bom corpo, SauvignonBlanc NM
Alho-poró	branco seco perfumado, Gewürztraminer, Viognier NM
Almôndega	tinto seco frutado, médio corpo, Barbera, Merlot NM
Amêndoas	branco muito seco, alcoólico, xerez fino, manzanilla
Angu	branco seco leve, Pinot Grigio, Arinto, Riesling Itálico
Antipasti 1	branco seco leve, aromático, Pinot Grigio, Frascati
Antipasti 2	tinto seco leve, frutado, Dolcetto, Chianti, Gamay
Arenques	branco seco, médio corpo, Sancerre, Dão, Riesling NM
Arroz de forno	branco seco, amadeirado, Borgonha, Chardonnay NM
Aspargos	branco seco fresco, Riesling Kabinett, Sauvignon Blanc
Atum 1	branco seco fresco, bom corpo, Chardonnay com madeira
Atum 2	branco suave fresco, bom corpo, Rheingau halbtrocken

Atum 3	rosé seco fresco, bom corpo, Tavel, Navarra, rosé NM
Azeitonas	branco muito seco, alcoólico, xerez fino, manzanilla
Bacalhau desfiado	tinto seco frutado, pouco tânico, Dão, Tinta Roriz
Bacalhau/postas	branco seco encorpado, Bical, Graves, Chardonnay
Batatas, salada	branco seco leve, Soave, Trebbiano, Riesling itálico.
Beringela	tinto seco aromático, bom corpo, Bardolino, Grignolino
Bisteca	tinto seco maduro, bom corpo, Chianti, Merlot NM
Bobó / camarão	branco seco abaunilhado, bom corpo, Chardonnay NM
Boi / assado	tinto seco, bom corpo, Cabernet, Merlot, Shiraz
Boi / cozido	tinto seco encorpado, Bairrada, Barolo, Zinfandel
Bouillabaisse	branco jovem, seco, vivo, Cassis, Penedès, Rueda
Brandade	rosado seco, fresco, leve, Mateus Rosé, Provence
Bucho	branco seco, frutado, bom corpo, Sauvignon Blanc
Cabrito	tinto seco frutado, encorpado, Médoc, Malbec argentino
Caça	tinto encorpado, refinado, Côte d'Or, Cornas, Shiraz
Camarões	branco seco fresco, Sauvignon Blanc, Riesling
Caranguejo	branco seco fresco, corpo médio, Riesling, Sémillon
Carneiro	tinto seco encorpado, maduro, Bordeaux, Rioja reserva
Caruru	branco seco fresco, bom corpo, Chardonnay brasileiro
Carpaccio	tinto seco frutado, leve, Bardolino, Chinon, Gamay
Cassolé	tinto seco frutado, bom corpo, Cahors, Malbec
Cavalinha	branco seco vivo, Verde, Rioja Blanco, Franken
Caviar	branco seco espumante, bom corpo, Champagne Brut

Ceviche	branco seco, nervoso, aromático, Sauvignon Blanc NM
Chucrute	branco seco aromático, bom corpo, Riesling alsaciano
Codorna	tinto seco encorpado, maduro, Pomerol, Cabernet NM
Coelho	tinto seco jovem, bom corpo, Morgon, Pinot Noir NM
Cogumelos	tinto seco encorpado, maduro, Pomerol, Pinot Noir NM
Consomé	branco seco maduro, alcoólico, xerez amontillado
Cordeiro	tinto seco, encorpado, maduro, Médoc, Rioja Reserva
Couve-flor	branco seco fresco, Sauvignon Blanc, Riesling Itálico

Empadão	tinto seco, maduro, bom corpo, Barbera, Douro, Dão
Empanada	tinto seco frutado, bom corpo, Malbec argentino, Shiraz
Enchova	branco muito seco, alcoólico, xerez fino, manzanilla
Endívia	branco seco aromático, Gewürztraminer, Viognier
Enguia fresca	branco seco aromático, Bical, Sauvignon Blanc NM
Enguia defumada	branco muito seco, alcoólico, xerez fino, manzanilla
Ervilhas	tinto leve, frutado, Chinon, Gamay, Pinot Noir
Escargot	branco seco fresco, bom corpo, aromático, Chablis
Espaguete / creme	branco fresco, jovem, leve, Frascati, Pinot Grigio
Espaguete / atum	rosado fresco, jovem, bom corpo, rosé do Novo Mundo
Espaguete / carne	tinto jovem, frutado, bom corpo, Chianti, Merlot
Estufado / caça	tinto seco maduro, encorpado, Brunello, Cornas

Faisão	tinto seco maduro encorpado, St. Emilion, Merlot NM
Feijão	tinto seco encorpado, Bairrada, Priorato, Shiraz NM
Feijoada	rosé espumante seco, bom corpo, Champagne Rosé

Fígado	tinto seco leve frutado, Cru Beaujolais, Rioja Crianza
Filé-mignon	tinto seco, encorpado, Bordeaux, Barolo, Cabernet NM
Foie gras	branco doce denso alcoólico, Sauternes, Tokaji
Fondue / queijo	branco seco maduro, encorpado, Chardonnay c/madeira
Fondue / carne	tinto seco frutado, bom corpo, Fleurie, Napa Merlot
Frango / peito	branco seco fresco, aromático, bom corpo, Viognier
Frango / outros	tinto seco maduro, bom corpo, Pomerol, Merlot
Frutos do mar	branco fresco jovem, Chablis, Chardonnay, Sauvignon
Galeto	branco seco fresco, Frascati, Trebbiano, Chardonnay
Galinha d'angola	tinto seco maduro, bom corpo, Borgonha, Pinot Noir
Galo / *coq au vin*	tinto seco maduro, bom corpo, Borgonha, Pinot Noir
Gaspacho	branco muito seco, alcoólico, xerez fino, manzanilla
Grelhados	tinto seco, bom corpo, Cabernet Sauvignon, Merlot
Guacamole	branco seco fresco, aromático, Sauvignon Blanc NM
Javali assado	tinto seco maduro, bom corpo, Gigondas, Rioja reserva
Javali estufado	tinto seco maduro, encorpado, Brunello, Shiraz NM
Lagosta	branco seco refinado, Graves, Montrachet, Chardonnay
Lagostim	branco seco jovem, sem madeira, Alvarinho, Riesling
Lasanha	tinto seco frutado, bom corpo, Chianti, Sangiovese
Lebre	tinto seco sofisticado, encorpado, Borgonha, Pinot Noir
Língua	rosado seco encorpado, Tavel Rosé, Navarra Rosado
Linguado	branco seco fresco, bom corpo, Chablis, Chardonnay

Linguiça	tinto seco encorpado, aromático, Shiraz, Zinfandel
Lula (frita)	rosado seco leve, rosé de Provence, Cabernet d'Anjou
Lula (abafada)	rosado seco bom corpo, Cerasuolo italiano, Malbec
Lula (grelhada)	branco seco fresco leve, Pinot Grigio, Riesling Itálico
Maionese	branco seco vivo, bom corpo, Pfalz Spätlese, Chablis
Mariscos	branco seco fresco, bom corpo, Muscadet, Chardonnay
Massas / creme	branco seco fresco, leve, Frascati, Rueda, Trebbiano
Massas / carne	tinto seco jovem frutado, bom corpo, Dolcetto, Merlot
Merluza	branco seco fresco, bom corpo, Pouilly-Fuissé, Riesling
Minestrone	tinto seco frutado, bom corpo, Chianti, Cotes du Rhône
Moqueca	branco seco jovem, aromático, Sauvignon Blanc NM
Nhoque	branco seco leve, aromático, Pinot Grigio, Penedès
Omelete	branco seco jovem, Chardonnay sem madeira, Chenin
Ossobuco	tinto seco de médio corpo, Dolcetto, Oltrepó Pavese
Ostras frescas	branco seco fresco, aromático, bom corpo, Chablis
Ovas de salmão	espumante rosé seco, aromático, Champagne Rosé
Paella / mariscos	rosado seco, bom corpo, Navarra, Tavel Rosé
Paella valenciana	tinto seco leve, macio, Valdepeñas, Somontano
Paleta assada	tinto seco maduro, encorpado, Merlot, Malbec NM
Pastelão / peixe	branco seco fresco, leve, aromático, Sauvignon Blanc
Pastelão / carne	tinto seco jovem, bom corpo, aromático, Merlot, Tannat

Patê *campagne*	branco seco, bom corpo, aromático, Graves, Sémillon
Patê de fígado	branco suave, bom corpo, aromático, Riesling Auslese
Pato assado	tinto seco maduro, encorpado, Hermitage, Shiraz
Peixe leve	branco seco fresco leve, Chardonnay sem madeira
Peixe estruturado	branco seco untuoso, Borgonha, Chardonnay c/ madeira
Peperonata	rosé seco fresco leve, Rosatello Toscano, rosado NM
Perdiz	tinto seco maduro, encorpado, Brunello, Richebourg
Peru assado	tinto seco maduro, bom corpo, Haut-médoc, Pinot Noir
Pescada frita	branco seco fresco, Vinho Verde, Sauvignon Blanc
Pescada *meunière*	branco seco fresco, bom corpo, Chablis, Borgonha
Pilafe de arroz	rosé seco fresco, bom corpo, Navarra, Rosé de Malbec
Pimentão	tinto seco frutado, bom corpo, Aragonês, Tempranillo
Pizza 1	branco seco vivo, bom corpo, Pinot Grigio, Sémillon
Pizza 2	tinto seco jovem, bom corpo, Chianti, Sangiovese NM
Polvo	branco seco fresco, leve, Pinot Grigio, Riesling Itálico
Pombo	tinto seco maduro, encorpado, Brunello, Côtes de Nuits
Porco assado	tinto seco maduro, bom corpo, Tempranillo, Carmenère
Porco marinado	tinto seco maduro, encorpado, Côte Rôtie, Shiraz NM
Porco agridoce	branco seco jovem, vivo, perfumado, Gewürztraminer
Pot-au-feu	tinto seco frutado, médio corpo, Beaujolais Villages
Presunto cru	tinto seco frutado, Beaujolais, Barbera, Valpolicella
Quiches	branco seco fresco, bom corpo, Borgonha, Rheingau
Rabada	tinto seco encorpado, Carmenère chileno, Brunello

Raia	branco seco fresco leve, aromático, Albariño, Bical
Rãs	branco seco fresco, leve, Chardonnay sem madeira
Ratatouille	tinto seco frutado, encorpado, Bandol, Grenache
Repolho / manteiga	tinto seco frutado, leve, Beaujolais, Gamay NM
Repolho / recheio	tinto seco frutado, bom corpo, Rhône, Malbec argentino
Rins	tinto seco maduro, aromático, Pinot Noir, Shiraz NM
Ris-de-veau / timo	branco seco encorpado, Pouilly Fumé, Meursault
Risoto à milanesa	branco seco vivo, leve, Soave, Orvieto, Trebbiano
Robalo assado	branco seco amadeirado, bom corpo, Rully, Givry
Salada/verduras	branco seco fresco, leve, Sauvignon Blanc, Riesling
Salame	tinto seco jovem, leve, Beaujolais, Bardolino, Gamay
Salmão defumado	espumante seco frutado, bom corpo, Champagne brut
Salmão fresco	branco seco frutado, Chablis, Sauvignon Blanc NM
Salsicha	tinto seco leve, Beaujolais, tinto alemão, Gamay NM
Sardinha	branco seco vivo leve, Vinho Verde, Riesling Itálico
Sopa	branco muito seco, alcoólico, xerez fino, manzanilla
Strogonoff	tinto seco maduro, encorpado, Amarone, Zinfandel
Suflê salgado	branco seco vivo, bom corpo, Graves, Chardonnay NM
Sushi / sashimi	espumante branco seco, jovem, Blanc de Blancs Brut
Tapas	branco muito seco, alcoólico, xerez fino, manzanilla
Tempura	branco seco vivo, frutado, aromático, Sauvignon Blanc
Torta de carne	tinto seco maduro encorpado, Rioja Reserva, Pomerol
Tortilla	branco seco fresco, Rueda, Chardonnay sem madeira

Trufas	tinto seco envelhecido, encorpado, Barolo, Barbaresco
Truta	branco seco fresco, leve, Riesling trocken, Chardonnay
***Turbot*/rodovalho**	branco seco fresco, aromático, Condrieu, Chablis
Veado	tinto seco maduro, encorpado, Bandol, Cornas, Shiraz
Vieiras	branco suave leve, bom corpo, Veltliner, Chardonnay
Vitela assada	tinto seco envelhecido, encorpado, Rioja Gran Reserva
Vitela/costeletas	tinto seco maduro, bom corpo, Bordeaux, Cabernet NM

capítulo 7

Escolhendo a Comida

A procura de um prato a partir de certo vinho requer a exploração de um universo muito mais amplo, em que as respostas são múltiplas e sujeitas a inovações e invenções.

O que se pode fazer, portanto, é estabelecer as linhas mestras da comida. O resto fica por conta dos ingredientes disponíveis, da experiência e das preferências do interessado, da imaginação e do talento do chefe.

Para simplificar o trabalho, vamos nos socorrer com o quadro memorizador abaixo. Sua utilização requer o conhecimento dos princípios e diretrizes da Primeira Parte deste livro.

1. peso	*leve*	*médio*	*peso pesada*
2. doçura	*salgada*	*agridoce*	*doce*
3. condimentação	*sápida*	*condimentada*	*apimentada*
4. gordura	*carente*	*pouca gordura*	*gordurosa*
5. suculência	*sem suco*	*suculenta*	*muito suculenta*
6. untuosidade	*seca*	*untuosa*	*muito untuosa*
7. aroma	*inodora*	*aromática*	*contundente*

1. função do corpo do vinho (leve, bom corpo, encorpado)
2. vinhos secos *versus* vinhos doces, tranquilos *versus* espumantes
3. função inversa do nível de maciez do vinho (jovem, macio, redondo)
4. função da acidez no vinho (fresco, vivo, nervoso)
5. função da tanicidade do vinho (carente, equilibrado, taninoso)
6. dependente simultaneamente da tanicidade e da acidez do vinho
7. função da intensidade aromática (discreto, aromático, perfumado)

Uma salada de alface, tomate e palmito com azeite extravirgem e sal:

✓ **leve**	médio peso	pesada
✓ **salgada**	agridoce	doce
✓ **sápida**	condimentada	apimentada
✓ **carente**	pouca gordura	gordurosa
✓ **sem suco**	suculenta	muito suculenta
✓ **seca**	untuosa	muito untuosa
✓ **inodora**	aromática	contundente

A mesma salada com vinagre balsâmico, gorgonzola e pimenta-do-reino:

leve	✓ **médio peso**	pesada
salgada	✓ **agridoce**	doce
neutra	✓ **condimentada**	apimentada
carente	✓ **pouca gordura**	gordurosa
sem suco	✓ **suculenta**	muito suculenta
seca	✓ **untuosa**	muito untuosa
inodora	✓ **aromática**	contundente

O *gorgonzola* sozinho é uma comida:

leve	médio peso	✓ **pesada**
salgada	✓ **agridoce**	doce
neutra	✓ **condimentada**	apimentada
carente	pouca gordura	✓ **gordurosa**
✓ **sem suco**	suculenta	muito suculenta
seca	✓ **untuosa**	muito untuosa
inodora	aromática	✓ **contundente**

O cordeiro assado no molho de alho com ervas:

leve	médio peso	✓ **pesada**
✓ **salgada**	agridoce	doce
neutra	✓ **condimentada**	apimentada
carente	✓ **gordurosa**	muito gordurosa
sem suco	✓ **suculenta**	muito suculenta
seco	✓ **untuosa**	muito untuosa
inodora	✓ **aromática**	contundente

Um pudim de leite com creme de caramelo é uma sobremesa:

✓ **leve**	médio peso	pesada
salgada	agridoce	✓ **doce**
✓ **neutra**	condimentada	apimentada
✓ **carente**	gordurosa	muito gordurosa
sem suco	✓ **suculenta**	muito suculenta
✓ **seca**	untuosa	muito untuosa
inodora	✓ **aromática**	contundente

Passemos então a exemplificar a escolha da comida a partir do vinho, com a ajuda do quadro memorizador. Na lateral esquerda, apenas como apoio, são dados os atributos do vinho que justificam a escolha da comida. Para entendimento dessa justificativa, é indispensável que se dominem os conceitos da Primeira Parte.

exemplo 1

Branco seco tipo Frascati, Orvieto, Silvaner ou Riesling NM.

leve	✓ **leve**	*médio peso*	*pesada*
seco	✓ **salgada**	*agridoce*	*doce*
jovem	✓ **neutra**	*condimentada*	*apimentada*
fresco	*carente*	✓ **pouca gordura**	*gordurosa*
acidez presente	✓ **sem suco**	*suculenta*	*muito suculenta*
tanino ausente	✓ **seca**	*untuosa*	*muito untuosa*
aromas sutís	✓ **inodora**	*aromática*	*contundente*

escolha: Omelete, massa simples, peixe de carne branca, peito de frango.

exemplo 2

Branco seco, bom corpo, Sancerre ou Sauvignon Blanc NM.

bom corpo	*leve*	✓ **médio peso**	*pesada*
seco	✓ **salgada**	*agridoce*	*doce*
jovem	✓ **neutra**	*condimentada*	*apimentada*
fresco	*carente*	✓ **pouca gordura**	*gordurosa*
acidez presente	✓ **sem suco**	*suculenta*	*muito suculenta*
tanino ausente	✓ **seca**	*untuosa*	*muito untuosa*
aromático	*inodora*	✓ **aromática**	*contundente*

escolha: Aspargos, mariscos, truta, sushi/sashimi, queijo de cabra.

exemplo 3

Branco seco tipo Borgonha ou Chardonnay abaunilhado NM.

bom corpo	leve	✓ *médio peso*	pesada
seco	✓ *salgada*	agridoce	doce
jovem	neutra	✓ *condimentada*	apimentada
fresco	carente	pouca gordura	✓ *gordurosa*
acidez presente	sem suco	✓ *suculenta*	muito suculenta
traços de taninos	seca	✓ *untuosa*	muito untuosa
aromático	inodora	✓ *aromática*	contundente

escolha: Camarões, lagosta e peixes com molho denso, frango trufado.

exemplo 4a

Branco doce denso tipo Sauternes, Tokaji, Beerenauslese.
por composição

bom corpo	leve	✓ *médio peso*	pesada.
doce	salgada	agridoce	✓ *doce*
redondo	✓ *neutra*	condimentada	apimentada
fresco	✓ *carente*	pouca gordura	gordurosa
acidez oculta	sem suco	✓ *suculenta*	muito suculenta
tanino ausente	✓ *seca*	untuosa	muito untuosa
aromático	inodora	✓ *aromática*	contundente

escolha: Creme *brulée*, pudins (pão, leite, chocolate), flã, *tarte tatin*.

exemplo 4b

Branco doce denso tipo Sauternes, Tojaji, Beerenauslese.
por oposição

bom corpo	*leve*	✓ ***médio peso***	*pesada*
doce	*salgada*	✓ ***agridoce***	*doce*
redondo	✓ ***neutra***	*condimentada*	*apimentada*
fresco	*carente*	*pouca gordura*	✓ ***gordurosa***
acidez oculta	✓ ***sem suco***	*suculenta*	*muito suculenta*
tanino ausente	*seca*	✓ ***untuosa***	*muito untuosa*
aromático	*inodora*	*aromática*	✓ ***contundente***

escolha: Patê de fígado, *foie gras*, roquefort, gorgonzola, danablu...

exemplo 5

Espumante branco seco, Champagne, espumante brasileiro.

vinho leve	✓ ***leve***	*médio peso*	*pesada*
seco	✓ ***salgada***	*agridoce*	*doce*
jovem	✓ ***neutra***	*condimentada*	*apimentada*
vivo, eferverscente	*carente*	*pouca gordura*	✓ ***gordurosa***
acidez presente	✓ ***sem suco***	*suculenta*	*muito suculenta*
tanino ausente	✓ ***seca***	*untuosa*	*muito untuosa*
aromática	*inodora*	✓ ***aromática***	*contundente*

escolha: Ostras, caviar, salmão defumado, frutos do mar, cavalinha.

exemplo 6

Rosé seco tipo Provence ou rosados do Novo Mundo.

leve	✓ *leve*	médio peso	pesada
seco	✓ *salgada*	agridoce	doce
jovem	✓ *neutra*	condimentada	apimentada
fresco	carente	✓ *pouca gordura*	gordurosa
acidez presente	✓ *sem suco*	suculenta	muito suculenta
traços de tanino	seca	✓ *untuosa*	muito untuosa
aromático	inodora	✓ *aromática*	contundente

escolha: Antepastos, paella de mariscos, salmonete, pimentão recheado.

exemplo 7

Tinto seco leve tipo Dolcetto, Bardolino ou Beaujolais.

leve	✓ *leve*	médio peso	pesada
seco	✓ *salgada*	agridoce	doce
frutado	neutra	✓ *condimentada*	apimentada
fresco	carente	✓ *pouca gordura*	gordurosa
acidez discreta	✓ *sem suco*	suculenta	muito suculenta
tanino discreto	✓ *seca*	untuosa	muito untuosa
aromático	inodora	✓ *aromática*	contundente

escolha: Embutidos, rosbife, canelone, talharim com molho de carne.

exemplo 8

Tinto seco, bom corpo, tostado, tipo Chianti, Merlot NM.

bom corpo	leve	✓ **médio peso**	pesada
seco	✓ **salgada**	agridoce	doce
frutado	neutra	✓ **condimentada**	apimentada
fresco	carente	✓ **pouca gordura**	gordurosa
acidez discreta	✓ **sem suco**	suculenta	muito suculenta
tanino discreto	seca	✓ **untuosa**	muito untuosa
aromático	inodora	✓ **aromática**	contundente

escolha: Embutidos, rosbife, canelone, talharim ou espaguete com carne.

exemplo 9

Tinto seco, bom corpo, frutado, tipo Borgonha, Pinot Noir NM.

bom corpo	leve	✓ **médio peso**	pesada
seco	✓ **salgada**	agridoce	doce
frutado	neutra	✓ **condimentada**	apimentada
sápido	carente	✓ **pouca gordura**	gordurosa
acidez discreta	sem suco	✓ **suculenta**	muito suculenta
tanino marcante	seca	✓ **untuosa**	muito untuosa
aromático	inodora	✓ **aromática**	contundente

escolha: Cogumelos porcini, peito de pato, *coq au vin*, coelho.

exemplo 10

Tinto seco encorpado, tipo Bordeaux ou Cabernet/Merlot NM.

encorpado	leve	médio peso	✓ **pesada**
seco	✓ **salgada**	agridoce	doce
apimentado	neutra	condimentada	✓ **apimentada**
sápido	carente	pouca gordura	✓ **gordurosa**
acidez discreta	sem suco	✓ **suculenta**	muito suculenta
tanino marcante	seca	✓ **untuosa**	muito untuosa
aroma intenso	inodora	✓ **aromática**	contundente

escolha: Carnes vermelhas, filé alto, cordeiro, pato ou ganso, javali.

exemplo 11

Tinto seco encorpado, intenso, tipo Barolo ou Shiraz NM.

encorpado	leve	médio peso	✓ **pesada**
seco	✓ **salgada**	agridoce	doce
apimentado	neutra	condimentada	✓ **apimentada**
vivo	carente	pouca gordura	✓ **gordurosa**
acidez discreta	sem suco	✓ **suculenta**	muito suculenta
tanino marcante	seca	untuosa	✓ **muito untuosa**
aroma intenso	inodora	aromática	✓ **contundente**

escolha: Caça ensopada, guisado de carne bovina, bisteca ao roquefort.

exemplo 12a

Tinto doce denso fortificado tipo Porto.
por composição

encorpado	leve	✓ **médio peso**	pesada
doce	salgada	agridoce	✓ **doce**
redondo	✓ **neutra**	condimentada	apimentada
sápido	✓ **carente**	pouca gordura	gordurosa
acidez oculta	sem suco	✓ **suculenta**	muito suculenta
taninos ocultos	seca	✓ **untuosa**	muito untuosa
aroma intenso	inodora	✓ **aromática**	contundente

escolha: Bolos e tortas de avelãs ou nozes, com calda de chocolate.

exemplo 12b

Tinto doce fortificado tipo Porto.
por oposição

encorpado	leve	médio peso	✓ **pesada**
doce	✓ **salgada**	agridoce	doce
redondo	neutra	✓ **condimentada**	apimentada
sápido	carente	pouca gordura	✓ **gordurosa**
acidez oculta	sem suco	✓ **suculenta**	muito suculenta
taninos ocultos	seca	✓ **untuosa**	muito untuosa
aroma intenso	inodora	aromática	✓ **contundente**

escolha : Queijo da Serra da Estrela, queijos azuis (roquefort, stilton).

EXEMPLOS

Vinho: Vinho Verde branco (menos o Alvarinho).
Atributos: *Branco seco leve, acídulo, cítrico, com "agulha", sutil.*
Comida: Leve, salgada, alguma gordura, pouco suco, aroma discreto.
Exemplo: *Sardinhas grelhadas com gotas de limão e legumes cozidos.*

Vinho: Frascati (ou outros vinhos das uvas Trebbiano e Malvasia).
Atributos: *Branco seco leve, frutado, fresco, equilibrado, macio.*
Comida: Leve, salgada, neutra, pouca gordura, pouco suco, sutil.
Exemplo: *Filé de robalo grelhado com batatas cozidas e salsa.*

Vinho: Alsace Riesling ou Riesling australiano.
Atributos: *Branco seco, bom corpo, delicado, frutado, mineral, vivo.*
Comida: Médio peso, salgada, pouco condimento, seca, gorda, sutil.
Exemplo: *Filé de salmão pocheado com brócolis cozidos e azeite.*

Vinho: Sauvignon Blanc da Nova Zelândia ou das Américas.
Atributos: *Branco seco, bom corpo, fresco, frutado, cítrico, aromático.*
Comida: Médio peso, salgada, condimentada, não untuosa, aromática.
Exemplo: *Mexilhões em molho apimentado com coentro fresco.*

Vinho: Montrachet, Meursault ou Chardonnays de primeira linha.
Atributos: *Branco seco, bom corpo, untuoso, abaunilhado, aromático.*
Comida: Médio peso, salgada, condimentada, gorda, suculenta, aromática.
Exemplo: *Lagosta ao forno com estragão e legumes cozidos na manteiga.*

Vinho: Moscatel de Setúbal (ou outros moscatéis doces).
Atributos: *Branco doce de bom corpo, fragrante, denso, perfumado.*
Comida: Médio peso, doce, sem gordura, consistente, perfumada.
Exemplo: *Doce de pêssego na calda de vinho moscatel com hortelã.*

Vinho: Tavel Rosé (e outros rosados expressivos como Navarra).
Atributos: *Rosado seco de bom corpo, fresco, tanino discreto, aromático.*
Comida: Médio peso, salgada, pouca gordura e untuosidade, aromática.
Exemplo: *Pimentão recheado com presunto, salsicha e purê de tomate.*

Vinho: Beaujolais Nouveau (e outros tintos simples da uva Gamay).
Atributos: *Tinto seco leve, fresco, frutado, pouco taninoso, aroma discreto.*
Comida: Leve, salgada, pouco condimento, magra, pouco untuosa, sutil.
Exemplo: *Rosbife, carpaccio de carne, embutidos pouco gordurosos.*

Vinho: Beaujolais Cru (Moulin-à-Vent, Morgon, Julienas).
Atributos: *Tinto seco de médio corpo, frutado, taninoso, aromático.*
Comida: Salgada, médio peso, gordura discreta, untuosa, aromática.
Exemplo: *Steak tartare de filé, sem gordura, com molho inglês.*

Vinho: Chianti e outros vinhos italianos simples da uva Sangiovese.
Atributos: *Tinto seco de bom corpo, frutado, sápido, macio, pouco intenso.*
Comida: Médio peso, salgada, condimentada, pouca gordura, aromática.
Exemplo: *Almôndegas em molho de tomate e tomilho com talharim.*

Vinho: Chianti Clássico Riserva.
Atributos: *Tinto seco encorpado, maduro, redondo, taninoso, aromático.*
Comida: Pesada, salgada, condimentada, gorda, suculenta, aromática.
Exemplo: *Bisteca espessa mal passada com feijão, azeite trufado e ervas.*

Vinho: Rioja Gran Reserva.
Atributos: *Tinto seco bem maduro, encorpado, tostado, macio, aromático.*
Comida: Pesada, salgada, condimentada, gorda, untuosa, aromática.
Exemplo: *Codorna com cogumelos em molho de frutas e musse de ervas.*

Vinho: Malbec, Syrah ou Malbec/Syrah argentino.
Atributos: *Tinto seco encorpado, frutado, alcoólico, macio, aromático.*
Comida: Pesada, salgada, untuosa, saborosa, untuosa, aromática.
Exemplo: *Massa com funghi no tomilho (pappardelle al ragú di funghi).*

Vinho: Banyuls (ou Maury ou tintos doces da uva Grenache).
Atributos: *Tinto doce denso, fortificado, caramelado, aromático.*
Comida 1 / por composição: Doce, pesada, aromática.
Exemplo: *Musse de chocolate com creme de baunilha.*
Comida 2 / por oposição: Agridoce, pesada, aroma sutil.
Exemplo: *Peito de pato assado com figos e pêssegos.*

~ capítulo 8

Harmonizando com Brancos, Rosados e Tintos

As três listas que se seguem exemplificam o ajuste de vinhos internacionais com certos pratos. Obtidas com o uso do método anteriormente exposto, as combinações procuram obedecer aos princípios de equilíbrio, harmonia e realce (regionalismo, tipicidade, composição, oposição...).

- os vinhos doces são indicados por um asterisco *
- os espumantes, por dois asteriscos **
- os espumantes doces, por três asteriscos ***

HARMONIZANDO COM VINHOS BRANCOS

Ao combinar as comidas com vinhos brancos, consideramos sua cor clara, os aromas frutados e o gosto delicado.

Somem-se a isso o frescor ácido dos brancos secos e a justa doçura dos brancos doces.

Os brancos secos combinam com alimentos de pouca cor, carnes brancas, molhos claros.

A leveza de sua constituição, seu frutado e fluidez os afastam de comidas pesadas.

Além disso, sua propriedade de dessedentar os credencia para acompanhar legumes cozidos, pratos leves e de médio peso, picantes, queijos frescos e queijos de cabra.

Os brancos doces vão bem, por composição, com sobremesas menos doces que eles.

Por oposição, ajustam-se a alguns pratos salgados, como vitela e aves e aos queijos azuis.

VINHO BRANCO	COMIDA (visite o glossário, no fim deste livro)
Albariño, Galícia	filé de badejo grelhado, arroz e brócolis
Aligoté, Borgonha	*escargots*, mariscos, truta com amêndoas
Alto Adige, Itália	saladas, quiches, massas à carbonara, ravióli
Alto Adige, Itália **	aperitivo, canapés, *sushi*, comida tailandesa
Anjou Blanc, Loire	robalo cozido no molho de manteiga
Alvarinho, Minho	sardinhas grelhadas com batatas cozidas
Arneis, Piemonte	torta de cebola, talharim com creme
Asti spumante ***	pudins, suspiros, gelatinas, salada de frutas
Ausbruch, Áustria **	creme *brulée*, torta de maçãs, *tarte tatin*
Auxey-Duresses	folheado de *escargots*, suflê de queijo
Baden, Alemanha	salada verde, rãs, aspargos brancos na manteiga
Bairrada branco reserva	bacalhau fresco assado, com azeite e batatas
Barsac, Bordeaux *	torta de maçãs, doce de pêssego com creme
Beaujolais blanc	brócolis empanados, bolinhos de peixe, saladas
Beaumes-de-Venise *	tortas doces, creme *brulée*, pudim caramelado
Beerenauslese, Pfalz *	doces de frutas, bolos doces, torta de maçãs
Bergerac, Périgord	suflê de abobrinha, cavalinha ao vinho branco
Bernkastel, Mosel	truta no vapor com legumes cozidos
Bical, Bairrada	caldo verde, bacalhau fresco no azeite
Blanquette **	aperitivo, canapés, salmão na torrada, *sushi*
Bonnezeaux, Loire *	aves com recheio de *foie gras*, queijos azuis
Bordeaux blanc	mexilhões cozidos, mariscos à marinara
Bourgogne blanc	suflê de queijo, ensopado de frango com aipo

Cassis, Provence	moluscos, sopa de peixes com torradas ao azeite
Cava, Penedès **	aperitivo, canapés, *sushi*, melão, frutas pocheadas
Chablis, Borgonha	ostras frescas, camarões, linguado na frigideira
Champagne *brut* **	aperitivo, caviar, ostras, salmão defumado
Champagne doux ***	frutas cristalizadas, gelatinas, morango
Chassagne-Montrachet	filé de peixe com molho cremoso, vitela assada
Château-Chalon, Jura	frango com cogumelos, pato com azeitonas
Château-Grillet, Rhône	caranguejo, siri, lagostins, vieiras ao *curry*
Chateauneuf-du-Pape	crustáceos, robalo grelhado, carnes brancas
Chardonnay s/madeira	aspargos, ostras, camarões, truta, linguado
Chardonnay amadeirado	lagosta ou cavaquinha com molho cremoso
Chenin do Loire	pepinos ao creme, linguiças brancas com purê
Chenin sul-africano	abobrinhas recheadas, filé de peixe ao *curry*
Chevalier-Montrachet	lagosta, cavaca ou vieira com molho cremoso
Cheverny, Loire	salada de filé de linguado, comida tailandesa
Clairette, Languedoc	brandade de bacalhau, terrina de haddock
Clairette de Die **	melão, pêssegos pocheados no vinho branco
Colares, Portugal	mexilhões, mariscos cozidos, peixe frito
Condrieu, Rhône	bolinhos de linguado, caranguejo, siri, vieiras
Corton-Charlemagne	rodelas de lagosta cozida com maionese e açafrão
Corvo Bianco, Sicília	espaguete com sardinhas e funcho, frutos do mar
Costières de Nimes	mexilhões, mariscos na casca com nozes e ervas
Coteaux du Layon *	doce de nozes, creme *bruléee*, *foie gras*
Cremant (Loire...) **	aperitivo, antepastos, canapés, pastéis de queijo
Eiswein, Alemanha *	pêssego em calda, cremes, bolos e tortas doces

Entre-deux-mers	ostras, enguias, manjubas ou sardinhas fritas
Etna Bianco, Sicília	mexilhões, camarões e mariscos na casca
Franken, Alemanha	salada de caranguejo, truta defumada, sushi
Gewürztraminer	alho-poró, torta de cebola, frango ao *curry*
Gewürztraminer *	*foie gras*, pêssego gratinado com cravo e canela
Graves blanc	sardinhas gratinadas com molho de azedinha
Hermitage blanc	brócolis empanados, truta ao molho cremoso
Inzolia, Sicília	atum fresco em vinho branco com ervas
Le Montrachet	lagosta, cavaquinha, cherne com molho cremoso
Mâcon Blanc	filé de pescada, massa ou frango com creme
Malvasia, Itália	presunto com melão, rodovalho no azeite e alho
Menetou-Salon, Loire	folheado de peixe, posta de salmão grelhada
Moscatel, Muscat	aspargos cozidos com maionese, ovos *cocotte*
Moscatel, Muscat *	melão, pêssego com hortelã, tortas doces
Mosel kabinett	peixe frito, cavalinha, costeletas de porco
Muller-Thurgau seco	peixe no vapor, peito de frango ou peru ao creme
Parellada, Penedès	frigideira de lagostins, lulas grelhadas, vieiras
Pinot Bianco, Friuli	siri, caranguejo, mariscos, talharim ao pesto
Pinot Grigio, Friuli	polvo, mariscos, camarões, espaguete com creme

Pinot Gris, França	lagostins, frango ao estragão, porco com ervas
Porto Branco, Douro	canapés, compota de abacaxi com especiarias
Pouilly Fume, Loire	salmão defumado, queijo de cabra

Recioto, Veneto *	*foie gras*, pudim caramelado, torta doce de nozes
Regaleali bianco	filé de peixe grelhado com recheio de queijo
Retsina, Grécia	azeitonas, grão de bico, beringela, lulas fritas
Rheingau Riesling seco	truta pocheada com molho leve, peito de peru
Rioja blanco, Espanha	torta de cebola, bacalhau catalão, frango grelhado
Riesling, Alsace	camarão com coco, cavalinha ao vinho branco
Riesling, Pfalz	suflê de salmão, peito de pato assado, patês
Riesling, Novo Mundo	legumes, macarrão japonês, pimentões recheados
Rueda, Espanha	salada de legumes, frutos do mar, peixe com alho

Sancerre, Loire	arenque, truta pocheada, *sashimi*, queijo de cabra
Sauvignon Blanc (NM)	comida tailandesa, *cajun*, pato no tucupi
Steen, África do Sul	abobrinhas recheadas, camarões no vapor
Sylvaner, Alsace	chucrute, truta pocheada no vinho branco
Sylvaner, Alto Adige	espaguete carbonara, peito de frango com creme

Tokaji, Hungria *	pudim, *cheesecake*, queijos azuis, *foie gras*
Trebbiano, Umbria	massas à carbonara, canelone, peixe leve

Vermentino, Ligúria	beringelas cozidas, sopa de cevada, caldeiradas
Vernaccia, Toscana	salada mista, peixe ensopado, talharim ao pesto

Vin de Paille *	*foie gras*, doce de pêssego, torta de amêndoas
Vin Jaune, Jura	costeletas de porco ou vitela ao *vin jaune*
Vin Santo, Toscana *	Rocambole doce, biscoitos de amêndoas ou nozes
Vouvray, Loire	truta ao creme, chouricinhos, musse de queijo
Vouvray, Loire *	doce de peras, maçã, ou pêssego, *tarte tatin*
Vouvray, Loire **	aperitivo, canapés, *sushi*, pastéis de queijo

pela variedade de uva (visite o glossário, no fim deste livro)

chardonnay

Aspargos gratinados, pontas de aspargos cozidos na manteiga, alcachofras cozidas, purê de aipo, endívia gratinada, *curries* suaves, terrina de vegetais, guacamole, ostras, camarões, truta, linguado. Camarões e frutos do mar em conserva, lagosta ao termidor ou com maionese, linguado à *meunière*, filé de badejo com creme de cogumelos. Waterzoï, ensopados de aves, aves com molho de nozes, fricassê de rã.

chenin

Abobrinhas recheadas, pepinos ao creme, filé de peixe ao *curry*, salada de cavala com limão, salada de frango thai, frango korma. Arroz à moda crioula, linguiças brancas com purê, coelho ao forno com mostarda, *beignet* de abacaxi, arroz-doce com damasco.

sauvignon blanc

Salada mista, salada com filé de linguado, salada de abacate, espinafre na manteiga, creme de abacate, ostras cruas. Camarão ao rum, *grapefruit* recheado com camarão. Peixe de rio com molho verde, arenque, angulas, truta pocheada. Tempura de camarão, *sushi*, *sashimi*, comida oriental. Queijos de cabra.

riesling

Legumes, salada de cenoura com laranja, endívias no bafo, *fondue* de alho-poró, aspargos cozidos com maionese, pimentões recheados, chucrute, becofe. Camarão com coco na manteiga, camarão com erva cidreira, cavala ao vinho branco, suflê de salmão, peixes de água doce no vinho branco. Guisado de lebre, peito de pato ou ganso.

roussane

Salada de beringela ou cogumelos, brócolis empanados, batata cozida com creme, *carpaccio* de atum com manjericão.Lagosta assada ao estragão, lula grelhada, bacalhau à portuguesa, filé de badejo ao *curry*. Peito de frango com sálvia, frango ao leite de coco, galinha d'angola em molho agridoce.

pinot grigio

Siri, caranguejo, mariscos, polvo, camarões e lagostins. Talharim ao pesto, espaguete com creme branco. Fricassê de frango, frango ao estragão. Carne de vitela ou porco com ervas.

HARMONIZANDO COM VINHOS ROSADOS

Com seu caráter intermediário entre o tinto e o branco, o vinho rosado apresenta-se com menos adstringência do que o primeiro e menos frescor do que o segundo. Na escolha da comida, deveremos procurar o ajuste das sensações, levando em consideração tais características. Uma pista flexível, aproximada, para ajustar comidas aos rosados é considerar os pratos para vinho branco com molho de tomate ou pimentão.

VINHO ROSADO	COMIDA (visite o glossário, no fim deste livro)
Alghero rosé, Sardenha	ravióli de ricota com molho de tomate
Arbois rosé, Jura	frango com lagostins, cherne ao molho de tomate
Bandol rosé, Provence	salmonetes grelhados, raia com molho de tomate
Bellet rosé, Provence	torta de cebola e enchovas, risotos ao *curry*
Brindisi Rosato, Puglia	massinhas com nabo e chili, ravióli de ricota
Cabernet d'Anjou	torta de cogumelos, salames, atum grelhado
Castel del Monte	arroz de açafrão com carne e queijo ralado
Cerasuolo, Itália	talharim ou panquecas ao molho de tomate
Champagne Rosé **	aperitivo, ovas de salmão, canapés, mariscos
Cirò Rosato, Calábria	*pizza* com atum, enchovas e alcaparras
Corbieres, Languedoc	salada cítrica de raia, cogumelos cozidos
Côtes-du-Rhône rosé	lula com molho de tomate, alcachofra recheada
Crémant (Loire...) **	aperitivos, canapés, *tapas*, tira-gostos cozidos
Lacrimarosa, Campania	*ossobuco* de vitela com tomilho, raviólis de carne
Mateus Rosé, Bairrada	salada de couve-flor com pimentão e legumes
Mendoza rosé argentino	almôndegas, torta de carne, raviólis de carne
Navarra rosado	salmonete grelhado, cogumelos cozidos
Ravello Rosato	pimentão, beringela e abobrinhas cozidas

Rioja Rosado	coelho com presunto cru, salada de caranguejo
Rosé da Serra Gaúcha	galeto, galinha ao molho pardo, salmão
Rosé de Loire	cherne com aïoli, robalo com molho de anchovas
Rosé de Malbec	salada de lula com pimentão, alcachofra recheada
Rosato di Toscana	ensopado de *funghi* porcini com creme de tomate
Rosé d'Anjou	frango ao creme, coração de alcachofra
Somontano, Espanha	salada ao azeite, brandade de bacalhau, sardinhas
Tavel Rosé, Rhône	tomate com alho, salmão, atum, caldeiradas

HARMONIZANDO COM VINHOS TINTOS

Os bons tintos revelam-se na sua plenitude quando acompanhados da comida adequada. O seu aspecto nos inclina para comidas escuras, como carnes vermelhas e molho ferrugem.

A complexidade nos predispõe a escolher pratos de sabor mais acentuado. A presença de taninos, adstringentes e amargos, é determinante na separação em duas categorias:

• taninosos, jovens, para pratos untuosos, carnes vermelhas, caças grandes, pombo ou galinha d'angola.

• pouco taninosos, maduros, para pratos menos untuosos porém salgados, como cordeiro, aves e pequenas caças.

Por outro lado, o seu buquê vegetal, picante, tostado, destoa do odor de peixes e frutos do mar. A flexibilidade virá nos pratos cozidos ou marinados em vinho tinto ou com molho de tomate.

VINHO TINTO	COMIDA (visite o glossário, no fim deste livro)
Abruzzi, Itália	talharim com *funghi*, cabrito ou pato assado
Aglianico, Basilicata	miúdos de cordeiro com presunto e queijo
Aglianico del Vulture	coelho, cordeiro em vinho tinto com queijo
Aleàtico, Itália *	tortas doces com chocolate, pudim, gorgonzola
Alentejo tinto, Portugal	cogumelos, bife de panela, filé alto, pato assado
Aloxe Corton, Borgonha	peito de pato assado, faisão abafado com maçãs
Alto Adige Merlot	*carpaccio*, rosbife, bife de fígado, sopa de massa
Amarone, Veneto	guisado de javali, pombos no espeto com polenta
Anjou rouge, Loire	presunto, filé-mignon, costeleta de porco
Auxey-Duresses rouge	presunto assado, cogumelos salteados, coelho
Baga, Bairrada	beringelas cozidas, leitão ao forno, almôndegas
Bandol, Provence	carne grelhada, guisado de coelho ao vinho tinto
Banyuls, Rousillon *	pudim, bolo de chocolate, *cheesecake*, roquefort
Barbaresco, Piemonte	contrafilé, picanha, cabrito, pratos com trufas
Barbera, Piemonte	antepastos, espaguete ao molho de tomate e carne
Bardolino	antepastos, sopa marinara, canelone com ricota
Barolo, Piemonte	maminha, picanha, carne-seca, assados ao Barolo
Barsac *	creme *brulée*, doces à base de creme
Beaujolais Nouveau	embutidos simples, salsicha, cachorro-quente
Beaujolais Villages	salsicha quente no brioche, porco com lentilhas
Beaune, Borgonha	*tournedos*, coelho, pato, fricassê de cogumelos
Bellet, Provence	salmonetes no molho de tomate, alho e enchovas
Bergerac, Périgord	galeto na brasa, peito de galinha com páprica

Blaufränkisch, Áustria	lebre com *bacon*, rins com *funghi*, coxa de pato
Bordeaux rouge	*escargots* na manteiga, frango ao estragão, rosbife
Bordeaux Supérieur	filé assado, contrafilé, *champignons* salteados
Bourgogne rouge	presunto, refogado de carne de boi, lebre, javali
Bourgueil, Loire	bolo de carne, coelho com castanhas, linguiça
Brachetto, Piemonte **	pastel de queijo, pastel de carne, salsichas, frutas
Brouilly, Beaujolais	flã de espinafre, rosbife, coxa de frango grelhada
Brunello di Montalcino	ensopado de *funghi*, guisado de javali, rabada
Buzet rouge, França	filé grelhado, toucinho no feijão, linguiças
Cabernet Franc	bacalhoada, salmão em vinho tinto, embutidos
Cabernet Sauvignon	linguiças, peru recheado, filé-mignon temperado
Cabernet Serra Gaúcha	lasanha com carne, bife, galinha ao molho pardo
Cahors (Malbec)	costela de boi, chouriço com maçã, cogumelos
Cânon-Fronsac (Merlot)	guisado de marreco, coelho com ameixas secas
Carmenère, Chile	feijão com pimenta, carnes condimentadas
Chambertin	*coq au vin*, pato, marreco, perdiz, coelho, lebre
Chambolle Musigny	pato assado, rins, cogumelos, omelete trufado
Chassagne-Montrachet	carne de boi refogada, codorna, perdiz, faisão
Châteauneuf-du-Pape	perna de cabrito, guisado de boi com lentilhas
Chianti, Toscana	massas ao molho de tomate, *pizza* marguerita
Chianti Classico	massas com carne ou trufas, *pizza* calabresa
Chianti Clássico Riserva	massas com *funghi* ou pato desfiado, bisteca
Chènas, Beaujolais Cru	toucinho com ervilhas, codorna em canapés

Cheverny rouge, Loire	repolho na manteiga, salsichas, carré de vitela
Chinon, Loire	presunto, embutidos, surubim no vinho tinto
Chiroubles, Beaujolais	embutidos, *steak tartare*, omelete com linguiça
Clos de Vougeot	filé em vinho tinto, codorna, massas com trufas
Colares, Portugal	galeto grelhado, peru, pato, ganso, leitoa assada
Corbières, Languedoc	galinha d'angola e nozes, fígado acebolado
Cornas, Rhône norte	rins, miúdos, chouriço, linguiça, caças assadas
Corton, Borgonha	codorna recheada, perdiz ao licor, trufas
Corvo Rosso, Sicília	almôndegas, *cappelletti* com molho de carne
Côte de Nuits Villages	vitela, frango com *champignons*, embutidos
Côte-Rôtie, Rhône	filé temperado, caça em vinho tinto, cogumelos
Côtes de Bourg	talharim ao molho de pato, carneiro e lentilhas
Côtes de Provence	carré de cordeiro com ervas, peru com castanhas
Côtes du Rhône	pastéis, almôndegas, *saltimbocca* de vitela
Crozes-Hermitage	guisado de cabrito, galinha d'angola ao pêssego
Dão tinto, Portugal	almôndegas, hambúrguer, *moussaka*, rins, miúdos
Dolcetto, Piemonte	carne marinada, *funghi* e parmesão, frituras
Dornfelder, Pfalz	torta salgada, musse de queijo, peito de peru
Douro, Portugal	grelhados com legumes, leitão assado, rins
Echézaux, Borgonha	marreco, perna de carneiro, cogumelos, trufas
Fitou, Languedoc	legumes cozidos, javali, com feijão branco
Fixin, Côtes de Nuits	peixe com molho vermelho, coelho, perdiz assada

Fleury, Beaujolais Cru	pato com cerejas, escalope de vitela e espinafre
Gamay, Beaujolais	endívia com nozes, flã de espinafe, presunto
Gevrey-Chambertin	frango ao vinho, peru, perdiz, codorna recheada
Gigondas, Rhône sul	ensopado de boi, costeleta de vitela com alecrim
Graves, Bordeaux	frango condimentado, rins cozidos, *champignons*
Grignolino, Piemonte	antepastos, massas ao molho de tomate, polenta
Gutturnio, Itália central	*parmigiano reggiano*, macarronada com *funghi*
Haut-Médoc, Bordeaux	costeleta de vitela condimentada, suflê de queijo
Hermitage, Rhône	perna de cabrito assada, filé alto com ervas
Julienas, Beaujolais Cru	presunto, creme de milho na manteiga, bife tartar
Kekfrankos, Hungria	linguiça, salsichas, salames, estrogonofe de carne
Lalande de Pomerol	vitela com cogumelos, leitão com ameixas
Lambrusco	massa com *bacon*, pastel de toucinho, linguiças
Lambrusco di Sorbara	*cotecchino*, presunto de Parma, lasanha verde
La Tache, Borgonha	cogumelos porcini salteados, *tournedos* Rossini
Lirac rouge, Rhône Sul	codorna, presunto defumado, leitoa ao alho
Listrac, Médoc	costela de boi, porcini com cebola roxa e *shitake*
Lemberger, Würtemberg	carne assada condimentada, javali com pimenta
Mâcon, Borgonha	peixe em vinho tinto, carne cozida no vinho tinto
Malbec, Mendoza	talharim com cogumelo ou pato, cabrito assado

Madiran, França (tannat)	coxa de pato, perna de cabrito, pernil na panela
Margaux, Médoc	perna de carneiro assada com ervas, pato assado
Marzemino, Trentino	panqueca de toucinho, massa com *bacon*
Marsannay, Borgonha	coelho na mostarda, escalope de vitela à milanesa
Maury, Roussillon *	pudim de chocolate, bolo de café, roquefort
Médoc, Bordeaux	miúdos de porco grelhados, rins, carne assada
Menetou-Salon, Loire	salmonete, galinha assada, terrina de coelho
Mercurey, Borgonha	rissoles de vegetais, guisado de galinha d'angola
Merlot Velho Mundo	rosbife, peru assado, filé-mignon ao forno
Merlot Novo Mundo	massa com molho de carne, língua, fígado
Merlot da Serra Gaúcha	galinha ao molho pardo, bife de boi na chapa
Minervois, Languedoc	cassolé, *ratatouille*, *escargots*, língua de boi
Montepulciano, Abruzzo	lasanha com carne, pato no *bacon*, canelone
Morelino di Scansano	costela de porco, bife de fígado, miúdos de porco
Morey-Saint-Denis	carne bovina cozida com toucinho e cogumelos
Morgon, Beaujolais	salsicha, linguiça, ensopado de carne, *steak tartare*
Moulin-à-vent	mortadela, presunto tender, coxa de frango
Moulis en Médoc	frango assado, tournedo alto, pernil ao forno
Musigny, Bourgogne	galinha d'angola flambada, frango com *funghi*
Navarra tinto, Espanha	*escargots* na pimenta, linguiça, chouriço, cabrito
Nemea tinto, Grécia	almôndegas, polvo no vinho tinto, fígado, miúdos
Nero Dávola, Sicília	beringelas, creme de carne e queijo, leitão assado
Nobile di Montepulciano	cozido de carne com alcaparras, lombo de porco
Nuits-Saint-Georges	cogumelos, peito de pato, codornas com ervilhas
Pauillac, Médoc	cordeiro ao alecrim, *entrecôte* com cogumelos

Periquita, Alentejo	ensopados, almôndegas, *ossobuco*, leitão assado
Pessac-Léognan	frango grelhado, filé-mignon, pato com ervas
Pinot Noir, Borgonha	presunto com salsinha, codorna, coelho ou pato
Pinot Noir, N. Mundo	rissoles de vegetais, salsichas, joelho de porco
Porto Tawny, Portugal *	ameixas secas, queijo com marmelada, quindim
Porto Vintage, Portugal *	amêndoas salteadas, queijo da Serra, roquefort
Priorato, Catalunha	coelho com ervas ao vinho tinto, javali estufado
Recioto, Valpolicella *	manjar com ameixas, *cheesecake*, gorgonzola
Refosco, Friuli	pizzas, cozido de nabo e porco, bife com batatas
Ribera del Duero	cogumelos, rabada, *tournedos au foie gras*
Rioja Crianza, Espanha	pastel de carne, *moussaka*, fígado, *bacon* cozido
Rioja Reserva, Espanha	torta de carne de caça, cabrito assado com ervas
Rioja Gran Reserva	codornas recheadas, perdiz, cordeiro assado
Roussillon rouge	carne estufada com pimentões, filé condimentado
St. Emilion, Bordeaux	pato no molho pardo, vitela frita com cogumelos
Sancerre rouge, Loire	massa ao molho de tomate, vitela ao vinho tinto
Sangiovese di Romagna	frango ao *bacon*, pratos de queijo e presunto
Sauternes	*foie gras*, roquefort, creme *brulée*, cremes doces
Shiraz autraliano	pato assado com ervas, carnes bem temperadas
Spätburgunder, Pfalz	*steak au poivre*, carne refogada com cenoura
Syrah, Rhône norte	cogumelos, fígado, cabrito, cordeiro com ervas
Tannat, Uruguai	feijão com toucinho, *parillada*, *magret* de pato
Tempranillo, Mendoza	empanadas, macarrão com carne, cabrito assado

HARMONIZAÇÃO

Vacqueyras, Rhône	lasanha à bolonhesa, pimentões recheados
Valdepeñas, La Mancha	lulas recheadas, perna de cordeiro com ervas
Valpolicella, Veneto	pastel de carne, linguiça, bresaola, embutidos
Valpolicella Ripasso	linguiça calabresa, embutidos apimentados
Volnay, Borgonnha	frango ao *champignon*, *escargots*, rins flambados
Vosne-Romanée	filé-mignon, marreco, perdiz, ganso ensopado
Vougeot, Borgonha	*escargots*, codornas, coração de vitela recheado
Zinfandel, USA	costela na grelha, filé com mostarda, peru assado

pela variedade da uva (visite o glossário, no fim deste livro)

cabernet sauvignon, cabernet franc, merlot

Escalope de *foie gras* com uvas, torta de cereja, *clafoutis* de cereja, *rilletes*, omelete com linguiça, sopa de cereja, batata ao forno com creme, batata *boulangère*, *navarin* com legumes, cogumelos à bordalesa, feijão branco com toucinho, ervilha à francesa com peito de frango. *Entrecôte* à bordalesa, filé-mignon alto, *hachis parmentier*, paleta ou pernil de cordeiro, presunto, costeleta de porco.

nebbiolo

Antepastos, contrafilé, picanha, cabrito, pratos com trufas, espaguete ao molho de tomate e carne, maminha, picanha, carne-seca, assados ao Barolo, ensopados de carne, miúdos, trufas.

pinot noir

Batatas *sautées*, torta de cebola, cogumelos salteados, *escargots* à borgonhesa, *velouté* de ervilha. Carne assada com purê de batata, *boeuf bourguignon*, carne refogada com cenoura, cozido de carne (*pot au feu*), *steak au poivre*, *steak tartare*. Frango assado, faisão abafado com maçãs, salada de faisão, perdiz com ameixas, galinha d'angola com repolho cozido, presunto assado, coelho, embutidos, salmonete, rosbife.

gamay

Cogumelos em torradas, cebolinhas glaçadas temperadas, cenoura glaçada na manteiga, nozes em salada de endívias com maçãs, salada de ervilha, flã de espinafre. Peixe em molho de vinho tinto. *Carpaccio* de carne, rosbife, presuntos, salsichas, embutidos, tender. Coxa de frango grelhada, *coq au beaujolais*, costeletas de porco, guisado de carneiro ao *gamay*, carnes grelhadas com azeitonas, cassolé.

syrah, grenache

Alcachofra com recheio de carne, pilafe de arroz ao *curry*, beringela à provençal, *navarin* com legumes, cogumelos à grega. Lulas com molho de tomate, salada de lulas com pimentão, brandade de bacalhau, escalopes de atum com páprica, sobrecoxa de frango *tandoori*, peito de frango frito com páprica. Almôndegas ao molho de tomate, bisteca com queijo roquefort, costeleta de cordeiro com ervas, carré de cordeiro com alho, filé de cordeiro ao *curry*, *tournedos* grelhados com *foie gras*, guisado de coelho com cebola.

tannat, malbec

Atum com pimentão, beringela grelhada, chouriço com maçã, pernil assado, frango à basca, peito de galinha d'angola, pato, ganso ou marreco assado. Cabrito, cordeiro, caças. *Confit et magret* de pato.

terceira parte

CASOS PARTICULARES

Existem casos de harmonização que, por suas características particulares, merecem ser considerados em separado, ainda que os princípios de equilíbrio, harmonia e realce sejam os mesmos das combinações tratadas anteriormente.

A presença mais ou menos acentuada de açúcar nos doces, por exemplo, exige dos vinhos que os acompanham uma doçura igual ou ainda mais acentuada, para que não pareçam aguados.

A escolha entre vinhos de colheita tardia, licorosos, espumantes doces ou tintos fortificados deve ser considerada caso a caso.

O grande número de queijos existentes no mercado, diferenciados pelo tempo de cura, teor de gordura, origem do leite etc., exige uma atenção especial na combinação.

Ao contrário do que se pensa ou se diz, queijos e vinhos não são sempre bons parceiros e só se dão bem quando escolhidos com critério.

Finalmente, não se deve esquecer a questão da afinidade: certos ingredientes inclinam-se naturalmente para o vinho; outros são neutros em relação à bebida; outros não se ajustam aos vinhos, a não ser em condições especiais.

Iguarias orientais ou afro-americanas, a cozinha fusión e pratos típicos de países sem tradição vinícola, por exemplo, exigem cuidadosa escolha pelos aficionados de vinho.

Esta terceira parte dedica-se a tais casos particulares.

capítulo 9

Queijos e Vinhos

Escolhidos corretamente, queijos e vinhos ajustam-se tão bem uns aos outros que se consegue elevado nível de satisfação com eles, sem se recorrer ao que há de mais caro no gênero.

A dupla é, nesse caso, uma fonte pouco dispendiosa daquela harmonia de aromas, texturas e sabores que faz a felicidade do apreciador da boa mesa. Por conta disso é comum se exagerar, dizendo que queijos e vinhos são parceiros ideais, o que nem sempre é verdade.

Na prática, escolhas equivocadas conduzem a fortes decepções e quem já passou por isso mais de uma vez chega ao extremo de dizer que queijos não vão bem com vinhos, o que é um exagero no lado oposto. Devemos, portanto, deixar claro que queijos e vinhos são excelentes parceiros, se escolhidos com critério.

PARTICULARIDADES

Ainda que a harmonização de vinhos com queijos obedeça aos mesmos princípios das demais combinações, existem razões para que a consideremos em separado:

• Presente por milênos em inúmeras regiões do globo, queijo não é uma coisa única, mas, sim, dezenas de coisas diferentes, tendo em comum o leite como matéria-prima;

• A crença de que queijos e vinhos formam sempre pares perfeitos não se confirma na prática;

• É grande o número de diferentes tipos de queijo e alguns deles só vão bem com certos vinhos;

• O número de vinhos que se ajustam aos queijos é significativo, mas alguns só vão bem com certos queijos;

• O mesmo queijo admite às vezes um casamento feliz tanto com vinho branco quanto com rosado ou tinto, obedecidas as limitações quanto ao tempo de cura, teor de gordura e sal, no queijo, e quanto à acidez, alcoolicidade, maciez, tanicidade e maturidade, no vinho.

Acrescente-se que alguns queijos sobrepujam o gosto de qualquer vinho e não se ajustam a ele. É o caso dos queijos muito curados, dos semiduros com casca cinza espessa (Reblochon, Livarot...) e dos azuis muito picantes (Danablu, Gorgonzola mais forte...).

Uma consequência prática dessas observações é que não há como ajustar uma tábua de queijos diferentes, escolhidos ao acaso, a um único vinho. Se esse for bem com um, vai mal com outro.

CLASSIFICAÇÃO

Torna-se conveniente adotar uma classificação para os queijos que ordene e simplifique a escolha dos vinhos. Podemos diferenciá-los segundo critérios diversos:

- **a origem do leite:** de vaca, de ovelha, de cabra, de búfala;
- **a elaboração:** frescos, curados, azuis;
- **a textura:** cremosos, macios, semiduros, duros;
- **o teor de gordura:** magros, gordurosos, muito gordurosos.

Adota-se aqui uma classificação híbrida de acordo com o tipo – fresco, curado, azul –, sendo os queijos curados subdivididos, de acordo com a sua textura, em cremosos, macios, semiduros, duros.

CLASSES	sigla	EXEMPLOS
Frescos	f	*boursin, cabra, cottage, minas frescal, mozarela*
Cremosos	c	*brie, catupiri, monsieur, requeijão, serra da estrela, pico*
Macios	m	*bel paese, camembert, chaource, pont l'eveque, munster*
Semiduros	s	*cheddar, edam, fontina, gouda, itálico, prato, provolone*
Duros	d	*grana padano, gruyère, manchego, minas curado*
Azuis	a	*bresse, chesire, danablu, gorgonzola, roquefort, stilton*

CONDIÇÕES DE HARMONIZAÇÃO

Na tentativa de associar corretamente o frescor, a adstringência e a maciez de um vinho com a acidez, a gordurosidade e a textura de um queijo, podemos nos guiar por indicações prévias.

- A incompatibilidade de taninos com sal nos inclina para vinhos brancos secos, sem taninos, ou para vinhos tintos maduros, pouco taninosos.

- A necessidade de equalizar a acidez nos diz que quanto mais ácido o queijo, mais ácido deve ser o vinho. Queijos ácidos (como os de leite de cabra) requerem acidez equivalente (sauvignon blanc, por exemplo).

- Queijos duros que não sejam muito salgados vão bem com tintos encorpados.

- Queijos cremosos, gordurosos, pedem vinhos mais ácidos; portanto, brancos ou rosados.

- Queijos curados nobres, de sabores complexos, ajustam-se à complexidade de bons vinhos tintos envelhecidos.

- Não vale a pena, nem é preciso, correr o risco de usar grandes tintos, muito caros, com queijos.

- Tintos taninosos e alcoólicos se ajustam a queijos duros pouco salgados, com a sua nuance de doçura, como o Grana Padano.

COMBINAÇÕES REGIONAIS

O regionalismo é um conceito crítico quando se trata de queijos e vinhos. Basta se lembrar de vacas, ovelhas e cabras pastando e, ali perto, um vinhedo.

Sempre que praticável, devem-se escolher, para queijos de uma região, vinhos da mesma região ou, pelo menos, do mesmo país. Seguem-se exemplos de combinações internacionais clássicas.

Queijo de leite de vaca tipo édam, envelhecido *(Vieil édam)*
Região: Bordeaux / **Vinho regional:** tinto envelhecido do Médoc

Queijo de leite de vaca macio, tipo burrata, de Andria *(Burrata)*
Região: Puglia / **Vinho regional:** Castel del Monte Rosso (Uva di Troia)

Queijo de leite de vaca, cremoso, tipo chaúrce *(Chaource)*
Região: Champagne / **Vinho regional:** Champagne Rosé

Queijo de leite de vaca de sabor picante tipo epuasse *(Époisses)*
Região: Bourgogne / **Vinho regional:** tinto Nuits-Saint-Georges

Queijo de leite de vaca charolesa *(Pavê de charolais)*
Região: Bourgogne / **Vinho regional:** tinto Clos de Vougeot

Queijo de leite de vaca tipo munster, de odor forte *(Munster)*
Região: Alsace / **Vinho regional:** Gewürztraminer Alsace Grand Cru

Queijo de cabra tipo banon em folhas de castanheira *(Banon)*
Região: Provence / **Vinho regional:** branco de Cassis (uva Clairette)

Queijo de cabra tipo valençay, da Touraine *(Valençay)*
Região: Loire / **Vinho regional:** Vouvray Blanc Séc (uva Chenin)

Queijinhos de cabra tipo chevrotons *(Chevrotons)*
Região: Beaujolais / **Vinho regional:** Beaujolais Blanc (uva Chardonnay)

Queijo de cabra maturado em vinho branco tipo picodon *(Picodons)*
Região: Rhône / **Vinho regional:** Côtes du Ventoux Blanc (uva Clairette)

Queijo regional do Jura, com alho, tipo cancoiote *(Cancoillotte)*
Região: Jura / **Vinho regional:** branco seco Côtes du Jura (uva Savagnin)

Queijo piemontês de ovelha, tipo tume, maduro *(Tume invecchiato)*
Região: Piemonte / **Vinho regional:** Nebbiolo d'Alba

Queijo granulado de leite de vaca tipo parmesão *(Parmiggiano-Reggiano)*
Região: Emilia-Romagna / **Vinho regional:** tinto Gutturnio (uva Barbera)

Queijo tipo emental ou similar fundido em cassarola quente *(Fondue)*
Região: Suíça / **Vinho regional:** Chasselas branco seco

PREFERÊNCIAS

As preferências listadas a seguir, para cada uma das classes de queijo, obedecem às diretrizes anteriormente expostas:

f { queijo fresco

sem cura, acidez alta, aroma e sabor discreto.

com algum sal e gordura	branco leve, jovem, fresco
com menos sal e gordura	rosado leve, jovem, fresco
magros, com pouco sal	tinto leve, jovem, frutado

c { queijo cremoso

cura curta, massa mole que se pode comer com colher, acidez e sal médios, sabor de médio para intenso.

gordura alta, sabor discreto	branco seco, de bom corpo
gordura alta, sabor picante	doce, denso, fortificado
gordura média, pouco sal	rosado seco, de bom corpo
gordura média, menos sal	tinto seco, de bom corpo

m { queijo macio

cura curta, massa pouco consistente, fácil de mastigar, acidez e sal médios, sabor discreto para intenso.

gordura alta	branco seco de bom corpo
gordura média	tinto seco de bom corpo

s { queijo semiduro

cura média, consistente, acidez baixa, algum sal, sabor intenso.

gorduroso, com sal	branco seco encorpado
com menos sal e gordura	tinto maduro de bom corpo

d { queijo duro

cura longa, consistente exigindo mastigação, acidez baixa, aroma e sabor intensos.

os menos salgados	tintos maduros encorpados
os mais salgados, picantes	branco doce denso, tinto doce fortificado

a { queijos azuis

com veios azuis-esverdeados, consistentes, cura de média para longa, salgados, aroma e sabor muito intensos.

suaves (por oposição)	doce botritizado, tipo Sauternes/Barsac
suaves (por composição)	tinto seco envelhecido encorpado
fortes, picantes	doce envelhecido, tipo Porto Tawny

EXEMPLOS DE ESCOLHA DO VINHO

Minas Frescal { f
queijo fresco brasileiro, de leite de vaca, sem casca, acidez discreta, gordura média (40%), algum sal, suculento.
Vinho: *tinto leve frutado, Gamay, Beaujolais ou Merlot da Serra Gaúcha.*

Mascarpone { f
queijo fresco italiano de leite de vaca, muito gorduroso (90%), de consistência aveludada e sabor levemente ácido.
Vinho: *branco leve bem ácido, Franciacorta, Soave, Pinot Grigio, Riesling.*

Brie { m
queijo macio francês, de leite de vaca, casca aveludada, acidez média, gordura média (45%), algum sal, aroma frutado, saboroso.
Vinho: *branco de bom corpo, Borgonha branco, Chardonnay amadeirado.*

Serra da Estrela { c
queijo cremoso português, de leite de ovelha, gordura média (45%), massa amanteigada, gosto forte, muito saboroso.
Vinho / por composição: *branco seco de bom corpo, Alvarinho, Bical.*
Vinho / por oposição: *doce denso tipo Porto ou Madeira Malmsey.*

Emmental { s
queijo suíço semiduro, de leite de vaca, gordura média (45%), sal médio para alto, saboroso, acidez média.
Vinho: *tinto bem maduro, robusto, picante, Hermitage, Côte Rôtie, Syrah.*

Parmesão { d
queijo duro italiano, de leite de vaca, gordura relativamente baixa (32%), massa granulosa quebradiça, muito saboroso.
Vinho: *tinto bem maduro encorpado, Amarone, Barolo, Barbaresco, Brunello di Montalcino, Rioja Reserva ou Gran Reserva.*

Valençay { m
queijo macio francês, de leite de cabra, gordura média (45%), de casca escura e massa branca de gosto "cabra" típico.
Vinho: *branco seco frutado, fresco, Sancerre, Sauvignon Blanc NM.*

Bleu de Bresse { a
queijo azul francês, de leite de vaca, gorduroso (50%), untuoso, salgado, pouco ácido, aromático, sabor picante.
Vinho / por composição: *tinto envelhecido encorpado, Cornas, Hermitage.*
Vinho / por oposição: *branco doce tipo Sauternes ou tinto doce tipo Porto.*

QUEIJOS INTERNACINAIS E SEUS VINHOS

Na lista que se segue, procura-se simultaneamente atender às diretrizes gerais e às particularidades da combinação de queijos com vinhos.

Os nomes dos queijos estão em ordem alfabética, para facilitar a procura. Segue-se a sigla do tipo (**f, c, m, s, d, a**).

Queijos azuis são indicados por um asterisco*. Em seguida, o país de origem e o teor de gordura, em percentagem.

Se a origem do leite não é indicada, é porque se trata de leite de vaca.

QUEIJO	VINHO
Abondance, m, França, 40	rosé ou tinto leve, Chinon, Cabernet Franc
American Blue, a, USA, 50*	doce, Moscatel Late Harvest, Porto Tawny
Appenzeller, m, Suíça, 50	branco seco, bom corpo, Chardonnay
Asiago, duro, Itália, 30	tinto maduro robusto, Barolo, Brunello
Atsmon, macio, Israel, 52	rosé ou tinto leve, Cabernet Franc
Banon, f, França, 45	rosado ou tinto leve, rosé de Provence
Beaufort, a, França, 45*	doce denso, Bonnezaux, Tokaji, Banyuls
Bel Paese, macio, Itália, 52	rosé ou tinto leve, Valpolicella, Barbera
Bleu d'Auvergne, a, França*	tinto seco encorpado, Chateauneuf-du-Pape
Bondon, m, França, 50	branco seco jovem, Chenin, Sauvignon

Boursin, fresco, França, 70	branco seco jovem, Vouvray, Savennieres
Brick, macio, USA, 50	tinto frutado, bom corpo, Zinfandel, Merlot
Brie, cremoso, França, 50	branco encorpado, Meursault, Chardonnay
Burgos, f, Espanha, 58, ovelha	branco fresco, bom corpo, Rueda, Rioja
Caciotta, macio, Itália, 42	tinto de bom corpo, Chianti, Dolcetto
Cadiz, s, Espanha, 51, cabra	branco seco alcoólico Jerez, Manzanilla
Camembert, m, França, 50	tinto seco maduro, Pomerol, Chambertin
Camerano, s, Esp, 45, cabra	branco seco, bom corpo Viura, Rueda
Cantal, macio, França, 45	branco seco aromático, Condrieu, Viognier
Catupiry, cremoso, Brasil	tinto leve frutado, Gamay, Merlot gaúcho
Chanco, macio, Chile, 50	branco seco frutado, Chardonnay chileno
Chaource, macio, França, 50	branco seco jovem, Chablis, Chardonnay
Chaumes, macio, França, 50	tinto maduro, Pomerol, St. Emilion, Merlot
Cheddar, duro, Inglaterra, 48	tinto seco encorpado, Bairrada, Hermitage
Chesire, macio, Inglaterra, 48	rosé ou tinto leve, Cabernet Franc, Gamay
Cincho, f, Venezuela, ovelha	branco leve, jovem, Chenin Blanc, Riesling
Comté, semiduro, França, 45	rosé ou tinto, bom corpo, Tavel, Clairet
Cottage, fresco, USA	rosé ou tinto jovem leve, White Zinfandel
Crottins, s, França, 45, cabra	branco seco fresco, Savennières, Sancerre
Danablu, a, Dinamarca, 55*	doce denso, Beerenauslese, Eiswein, Porto
Dunlop, duro, Escócia, 48	tinto robusto maduro, Ribera del Duero
Edam, semiduro, Holanda, 40	tinto maduro, bom corpo, Margaux, Médoc
Edelpilz, a, Alemanha, 45	doce denso, Beerenauslese, Eiswein, Porto
Emmental, duro, Suíça, 60	tinto maduro robusto, Barolo, Hermitage
Époisses, macio, França, 45	tinto seco frutado, Beaune, Pinot Noir
Feta, s, Grécia, 50, ovelha	branco seco vivo, Retsina, Riesling
Fontina, semiduro, Itália, 45	branco seco, bom corpo, Pinot Grigio

Frescal, fresco, Brasil	rosé ou tinto leve, frutado, Gamay, Merlot
Gilboa, semiduro, Israel, 40	tinto maduro, bom corpo, Pomerol, Merlot
Gorgonzola, azul, Itália, 48*	tinto doce denso, Porto, Recioto, Banyuls
Gouda, semiduro, Holanda, 48	tinto seco maduro, Bordeaux, Cabernet
Grana Padano, duro, Itália, 32	tinto seco encorpado, Aglianico, Amarone
Gruyère, duro, Suíça, 45	tinto seco frutado, Borgonha, Pinot Noir
Herve, macio, Bélgica, 45	tinto seco, bom corpo, Cornas, Douro
Jizrael, duro, Israel, 60	tinto maduro robusto, Rioja Reserva
Kolbee, duro, Israel, 60	tinto maduro robusto, Barbaresco
Leyden, duro, Holanda, 40	branco seco encorpado, Chablis Grand Cru
Limburger, c, Alemanha, 50	tinto seco, bom corpo, Dornfelder
Málaga, m, Esp., 58, cabra	branco seco, Jerez Fino, Sauvignon Blanc
Manchego, d, Esp, 50, ovelha	tinto, bom corpo, Rioja, Valdepeñas
Mascarpone, fresco, Itália, 90	branco leve fresco, Trebbiano, Lugana
Mesost, semiduro, Suécia, 20	branco seco, bom corpo, Chardonnay
Mimolette, duro, França, 48	tinto maduro encorpado, Médoc, Graves
Minas frescal, f, Brasil, 42	branco leve, Riesling Itálico, Trebbiano
Minas curado, d, Brasil, 42	tinto frutado, Merlot da Serra Gaúcha
Monterey Jack, s, USA, 50	branco seco, bom corpo, Chardonnay
Munster, macio, França, 40	branco seco aromático, Gewürztraminer
Mussarela, macio, Itália, 45	tinto seco, bom corpo, Chianti, Sangiovese
Patagrás, semiduro, Cuba, 40	tinto seco maduro, bom corpo, Merlot
Parmesão, duro, Itália, 32	tinto seco encorpado, Gattinara, Amarone
Pecorino, d, Itália, 36, ovelha	tinto seco robusto, Regaleali, Nero Davola
Philadelfia cream, f, USA, ND	branco fresco leve, Chardonnay, Riesling
Piora, semiduro, Suíça, 45	tinto frutado, bom corpo, Pinot Noir

Pont l'Evêque, m, França, 50	tinto de bom corpo, Corbières, Bandol
Port-Salut, s, França, 45	branco seco, bom corpo, Hermitage Blanc
Prato, macio, Brasil, ND	tinto leve frutado, Merlot, Pinot Noir NM
Provolone, duro, Itália, 44	tinto seco encorpado, Barolo, Amarone
Raclette, semiduro, Suíça, 50	branco seco, Jerez Fino, Chateau Chalon
Reblochon, macio, França, 50	branco seco fresco, Muscadet, Chenin
Reggianito, d, Argentina, 40	tinto seco encorpado, Malbec, Shiraz
Requeijão, c, Brasil, ND	tinto seco leve, frutado, Merlot, Gamay
Requeijão, c, Portugal, ovelha	branco seco frutado, Verde, Alvarinho
Ricotta, fresco, Itália, ND	branco seco leve, Soave, Frascati, Orvieto
Rollot, m, França, 45	tinto seco maduro, bom corpo, Merlot
Roquefort, a, Fr., 45, ovelha*	branco doce denso, Sauternes, Barsac
Serpa, s, Portugal, 45, ovelha	branco seco encorpado, Porto Branco
Serra, c, Portugal, 45, ovelha	tinto doce denso, Porto Tawny
Soria, f, Espanha, 55, cabra	branco seco jovem, leve, Rueda, Viura
Stilton, azul, Inglaterra, 48*	tinto doce fortificado, Porto Tawny, LBV
Taleggio, macio, Itália, 48	tinto leve, frutado, Valpolicella, Bardolino
Tilsit, semiduro, Alemanha, 50	branco seco, bom corpo, Scheurebe, Pfalz
Ulloa, m, Espanha, 45	branco fresco, Vinho Verde, Albariño
Valençay, m, França, 45, cabra	branco seco, Sancerre, Sauvignon Blanc
Vacherin, s, Suíça, 45	tinto leve, Chinon, Cabernet Franc
Weinkäse, c, Alemanha, 40	branco suave, Riesling Mosel ou Rheingau
Wensleydale, a, Inglaterra, 48*	tinto doce fortificado, Banyuls, Porto LBV

capítulo 10

DOCES E VINHOS

O entrosamento de doces com vinhos de sobremesa também requer algo mais. A doçura do vinho deve ser igual ou mais pronunciada do que a sobremesa; caso contrário, o prato impõe-se sobre o vinho e este se mostra aguado, desmaiado, sem força, frustrante.

O equilíbrio das sensações pede que sobremesas de sabor intenso – doces de chocolate, bolos com cobertura de chocolate, torta de nozes ou amêndoas – sejam acompanhadas de vinhos potentes, fortificados.

Cremes doces e sobremesas à base de creme requerem a untuosidade dos vinhos licorosos, em que a doçura nítida é contraponto para a acidez oculta.

Quando se trata de saladas de frutas, ou de cítricos – limão, laranja, lima, tangerina, *grapefruit* –, a preferência vai para os espumantes brut, demi-sec ou doce, que conseguem equalizar sua acidez.

Leitura Complementar: A Doçura Diferenciada dos Vinhos de Sobremesa

Os açúcares fermentáveis das uvas são a glicose e a frutose, que aparecem em quantidades quase iguais nas uvas maduras.
As duas apresentam diferenças básicas:
• a capacidade de adoçar da frutose é bem mais elevada: para obter o mesmo resultado de uma colher de frutose, são necessárias duas e meia de glicose;
• a disposição para fermentar da glicose é maior do que a da frutose, cuja transformação é difícil e demorada.

Isso propicia propriedades diferentes nos vinhos doces.
Nos moscatéis, nos vinhos de colheita tardia ou de uvas passificadas, em que a fermentação vai quase até o fim do açúcar do mosto, a maior parte do açúcar residual é frutose, que demora a fermentar. Nos vinhos fortificados, em que se interrompe a fermentação no início, frutose e glicose dividem posição.

Conclusão: *em igualdade de condições de açúcar residual, os moscatéis, os vinhos de colheita tardia e os passificados têm mais frutose e, por isso, apresentam-se mais doces do que os fortificados.*

PREFERÊNCIAS

Observada a predominância da doçura do vinho sobre a da comida, a combinação de vinhos de sobremesa com doces é flexível e admite soluções múltiplas. As observações anteriores feitas, porém, indicam a inclinação de cada tipo de vinho doce para certas sobremesas:

- moscatéis para doces macios à base de frutas;
- passificados e colheitas tardias para biscoitos, bolos, rocamboles;
- licorosos botritizados para cremes ou doces à base de creme;
- fortificados para chocolate, nozes, avelãs ou castanhas;
- espumantes para frutas frescas, gelatinas ou saladas de frutas.

moscatéis

Exemplos: Moscatéis do Novo Mundo, Moscatel de Setúbal, de Málaga, de Valência, Moscato di Pantelleria, Moscatel Late Harvest, Moscatéis de Patras, de Lemnos, de Samos, Muscat de Beaumes-de-Venise, Muscat de Frontignan, de Mireval, de Rivesaltes, Liqueur Muscat australiano.

Preferências: doces de frutas, banana assada com mel, banana caramelada, damasco seco, frutas cristalizadas ou carameladas, frutas em calda ou em compotas, pera em calda, profiteroles, torta de abacaxi, de maçã, de cerejas, de pêssego, de ameixas, *tarte tatin*, tiramisu.

vinhos passificados ou de colheita tardia

Exemplos: Eiswein, Gewürztraminer Vendange Tardive, Jurançon Doux, Late Harvest ou Tardio em geral. Montefalco Passito, Passitos em geral, Passito di Panteleria, Reciotos em geral, Recioto dela Valpolicella, Riesling Vendange Tardive, Vin Santo, Vin de Paille.

Preferências: biscoitos de amêndoas, de castanha, biscoitos secos com mel, bolo natalino com passas, panetone, bolos e tortas consistentes de ameixas ou castanhas, merengues, suspiros, *cantucci*, *cheesecake*.

vinhos fortificados

Exemplos: Banyuls, Jerez Cream, Jerez Oloroso, Jerez Pedro Ximenez, Madeira Malmsey, Porto, Porto Vintage, Porto Tawny, Marsala, Maury.

Preferências: sobremesas de sabor intenso, doces de amêndoas, de avelãs, de castanhas, doces com chocolate, nozes, ameixas secas, bolo de café, pão-de-ló, sobremesas cobertas com calda de chocolate.

vinhos licorosos

Exemplos: Ausbruch austríaco, Barsac, Beerenauslese alemão, Bonnezeaux, Coteaux du Layon, Gewüztraminer Sélection de Grains Nobles, Loupiac, Monbazillac, Quarts de Chaume, Sainte-Croix-du--Mont, Sauternes, Riesling ou Semillon Botritis do Novo Mundo, Tokaji de três a seis puttonyos, Tokaji Esszencia.

Preferências: creme *bruléee*, cremes de ovo, flãs, doces à base de creme, suflês e musses, pudim de leite, pudim de pão, doce de abóbora, panquecas com creme.

espumantes doces ou semissecos

Exemplos: Espumantes da Serra Gaúcha, Asti Spumante, Champagne Doux, Champagne Demi-sec, Vouvray Mousseux, Clairette de Die demi-sec, Prosecco.

Preferências: Charlotte ou *cheesecake* com frutas, crepe Suzette com frutas, gelatinas, morangos, natas doces com frutas, salada de frutas, suflê de limão, mil folhas com frutas.

COMBINAÇÕES REGIONAIS

Para atestar as tendências acima, apresentam-se a seguir algumas combinações regionais de longa tradição. A lista confirma, com a habitual flexibilidade, aquelas preferências.

Apfelstrudel : Torta enrolada de maçãs e passas, salpicada de açúcar.
Região: Áustria / **Vinho regional:** branco doce Grüner Veltliner Ausbruch.

Baklava : Musse grega de mel, passas brancas e queijo de cabra.
Região: Grécia / **Vinho regional:** branco Moscatel de Patras.

Cantucci : Biscoitos toscanos duros, porosos, de amêndoas.
Região: Toscana, Itália / **Vinho regional:** Vin Santo Toscano.

Cassata : Pão-de-ló siciliano com frutas cristalizadas.
Região: Sicília / **Vinho regional:** Moscato di Pantelleria.

Castagnaccio : Bolo genovês doce, com castanhas e passas.
Região: Gênova, Ligúria / **Vinho regional:** Passito Sciachetrá.

Cenci : Pão toscano doce, trançado, coberto de açúcar.
Região: Toscana / **Vinho regional:** Vin Santo Toscano.

Charlotte aux fruits rouges : Torta doce com frutas vermelhas.
Região: Champagne / **Vinho regional:** Champagne Rosé demi-sec.

Cicerchiata : Bolo de amêndoas com frutas cristalizadas e mel.
Região: Úmbria / **Vinho regional:** Passito Montefalco Sagrantino.

Cicirata : Bolo calabrês natalino, com mel.
Região: Calábria / **Vinho regional:** Passito Greco di Bianco.

Fiadone : Torta doce da Páscoa, de ovos, queijo, canela e limão.
Região: Molise, Itália / **Vinho regional:** branco Moscato del Molise.

Flã português : Pudim de gema de ovo com calda de caramelo.
Região: Portugal / **Vinho regional:** Moscatel de Setúbal.

Kugelhopf : Brioche com passas recoberto de nata de açúcar.
Região: Alsace, França / **Vinho regional:** espumante Crémant d'Alsace.

Pain d'épices : Pão de mel da Borgonha.
Região: Bourgogne / **Vinho regional:** espumante Crémant de Bourgogne.

Panettone : Pão natalino milanês com passas e chocolate.
Região: Lombardia / **Vinho regional:** Moscato Oltrepò Pavese.

Panna cotta : Nata cremosa enformada com açúcar queimado.
Região: Piemonte / **Vinho regional:** espumante Moscato d'Asti.

Strùccolo : Torta doce de maçãs com ricota fundida.
Região: Friuli / **Vinho regional:** Picolit Vendemia Tardiva.

Tarte aus quetsches : Torta doce de ameixas roxas.
Região: Alsace / **Vinho regional:** Gewürztraminer Vendange Tardive.

Tarte Tatin : Torta de maçãs, invertida pelas irmãs Tatin, do Loire.
Região: Loire / **Vinho regional:** branco licoroso Coteaux du Layon.

Tórcolo : Biscoito perugino duro, poroso, de amêndoas.
Região: Úmbria / **Vinho regional:** Vin Santo (da Úmbria).

Zabaglione **ou** *Zabaione* : Doce de gema de ovo, batida com vinho doce.
Região: Piemonte / **Vinho regional:** Moscato d'Asti.

COMBINANDO SOBREMESAS COM VINHOS

Admitidas as preferências indicadas, podemos proceder à harmonização com doces, conhecendo seu tipo e ingredientes como nos exemplos que se seguem. Se necessário, com a ajuda do quadro memorizador (capítulos 6 e 7).

Doce: pêssego gratinado com amêndoas e especiarias.
Ingredientes: *pêssegos, ovos, açúcar, laranja, amêndoas, cravo e canela.*
Vinho: *branco fresco aromático, de colheita tardia ou passificado, Riesling ou Gewürztraminer Vendange Tardive, Passito, Vin de Paille.*

Doce: musse de chocolate com creme de baunilha.
Ingredientes: *chocolate, manteiga, ovos, açúcar, leite, baunilha.*
Vinho: *tinto doce fortificado, Banyuls, Maury, Porto Tawny.*

Doce: pudim de leite com calda de caramelo.
Ingredientes: *leite, ovos, baunilha, açúcar, calda de caramelo.*
Vinho: *branco doce licoroso, Sainte Croix du Mont, Bonnezaux, Tokaji.*

Doce: bolo fofo de ameixa polvilhado com açúcar.
Ingredientes: *ameixas pretas, manteiga, açúcar, ovos, trigo, fermento.*
Vinho: *branco de colheita tardia ou passificado: Moscatel Late Harvest. Jurançon, Riesling Vendange Tardive, Passito di Pantelleria, Vin de Paille.*

Doce: surpresa de frutas à moda crioula com sorvete de coco.
Ingredientes: *abacaxi, manga, kiwi, açúcar, limão, sorvete de coco.*
Vinho: *espumante suave, espumante do Novo Mundo tipo Asti, Asti Spumante, Prosecco ou Clairette de Die demi-sec.*

Doce: torta de banana com creme.
Ingredientes: *banana prata, farinha de trigo, leite, creme de leite, gemas de ovo, manteiga, sal, baunilha.*
Vinho: *branco doce passificado.*

Doce: massa granulosa doce (*crumble*) com maçãs, peras e passas.
Ingredientes: *maçãs, peras, uvas-passas, rum, canela em pó, manteiga, farinha de trigo, açúcar mascavo, sal.*
Vinho: *moscatel aromático, Muscat de Beaumes de Venise, de Rivesaltes.*

DOCES INTERNACIONAIS E SEUS VINHOS

Passemos a aplicar os conhecimentos anteriormente expostos a diversas sobremesas, sugerindo alguns de seus vinhos preferenciais. Na dúvida, visite o Glossário de Comidas no fim deste livro.

DOCE	VINHO
Abacaxi, compota	moscatéis, Beaumes de Venise, Pantelleria, Setúbal
Abacaxi, torta	colheita tardia, Riesling ou Sémillon Late Harvest
Abóbora, creme	licoroso, aromático, Sémillon ou Riesling Botritis
Ameixas secas	doce denso, fortificado, Banyuls, Maury, Porto Tawny
Amêndoas, bolo	doce passificado, Vin de Paille, Vin Santo, Passito
Amêndoas, doce	doce denso fortificado, Marsala, Jerez Oloroso
Amoras, pavê de	licoroso, Riesling ou Sémillon botritis, Ausbruch
Apfelstrudel	branco licoroso, Beerenauslese, Ausbruch, Bonnezaux
Arroz-doce	branco denso, aromático, Moscatel, Malvasia
Avelãs, torta de	fortificado, Porto, Malmsey, Marsala, Maury
Baclava, *baklava*	denso aromático, moscatéis doces, Samos, Rivesaltes
Banana assada	denso, aromático, moscatéis doces, Beaumes-de-Venise
Belle-Hélène	doce licoroso botritizado, Sauternes, Tokaji 5 puttonyos
Bijus	passificado, concentrado, Passito, Recioto, Vin Santo
Bolos doces	passificado, concentrado, Passito, Recioto, Vin Santo
Bolo de chocolate	denso fortificado, Jerez Oloroso, Porto, Banyuls, Maury
Bolo de café	denso fortificado, Jerez Oloroso, Porto, Banyuls, Maury
Cantucci	passificado, Vin Santo, Passito, Recioto, Vin de Paille
Cassata	passificado, Vin Santo, Passito, Recioto, Vin de Paille
Cerejas, doce de	doce denso, aromático, Moscatel, Malvasia doce
Charlotte	branco passificado, Vin Santo, Passito, Vin de Paille
Cheesecake	branco, colheita tardia, Vouvray, Anjou, Jurançon
Chocolate amargo	tinto fortificado, Porto Tawny, Banyuls, Maury

Chocolate, bolo	tinto fortificado, denso, Porto LBV, Banyuls, Maury
Chocolate, musse	denso fortificado, Marsala, Porto Tawny, Mavrodaphne
Creme *brulée*	licoroso, Sauternes, Barsac, Tokaji, Beerenauslese
Crepe Suzette	branco licoroso, Barsac, Loupiac, Ste, Croix du Mont
Damasco, suflê	branco denso, passificado, Vin de Paille, Vouvray doux
Flã doce	moscatel muito doce, Moscatel de Setúbal, de Málaga
Floresta Negra	branco licoroso, Tokaji, Beerenauslese, Sauternes
Framboesa, suflê	branco licoroso, fresco, Barsac, Coteaux du Layon
Fruta seca	tinto denso, alcoólico, Porto Tawny, Maury, Banyuls
Fruta cristalizada	branco muito doce, Moscatéis, Liqueur Muscat
Gelatina	espumante leve, Asti spumante, Vouvray mousseux
Laranja, pudim	moscatéis densos, aromáticos, Beaumes-de-Venise
Laranja, salada	espumante semidoce, Asti Spumante, Vouvray
Lichia, doce de	perfumado, colheita tardia, Gewürztraminer ou Riesling
Limão, torta de	espumante doce, Asti Spumante, Prosecco suave
Maçãs assadas	denso, fortificado, Madeira Malmsey, Pedro Ximenez
Maçã, pavê de	licoroso, botritizado, Riesling botritiszado, Ausbruch
Manga, doce de	denso, aromático, Jurançon, Muscat de Rivesaltes
Melão	denso perfumado, Beaumes-de-Venise, Alsace Muscat
Melaço, torta de	fortificado, Madeira Malmsey, Jerez Pedro Ximenez
Merengues	passificados, Recioto, Vin Santo, Vin de Paille
Mil folhas	espumante doce, fresco, Asti, Champagne Demi-sec
Morangos, creme	branco denso, licoroso, Sauternes, Coteaux du Layon
Nozes	doce denso, fortificado, Malmsey, Porto Vintage
Nozes, torta	denso passificado, Vin Santo, Passito, Recioto

Pamonha	branco suave, Riesling ou Sémillon meio-doce
Panquecas doces	licorosos Beerenauslese, Tokaji, Sainte Croix du Mont
Pão-de-ló	doce denso fortificado, Jerez Oloroso doce, Marsala
Pavê c/ creme	denso licoroso, Sauternes, Barsac, Tokaji 6 putonios
Pavê c/ frutas	doce licoroso delicado, Ausbruch, Tokaji 3 a 4 putonios
Pecã, torta de	doce denso passificado, Vin Santo, Passito, Recioto
Pera, torta de	licoroso, denso, Quarts de Chaume, Barsac, Tokaji
Pera em calda	denso fortificado, Banyuls, Maury, Rivesaltes
Peras assadas	branco, colheita tardia, Vouvray, Sémillon late harvest
Pêssego, compota	colheita tardia, delicado, Riesling Auslese, Eiswein
Pêssego *brulée*	denso, licoroso, Barsac, Alsace SGN, Beerenauslese
Profiteroles	doce, aromático, moscatéis doces, Beaumes-de-Venise
Pudim de leite	branco licoroso, Loupiac, Tokaji, Barsac, Ausbruch
Pudim de pão	branco licoroso, Loupiac, Tokaji, Barsac, Ausbruch
Rabanada	denso, aromático, Jurançon, Passito, Vin Santo
Rocamboles	denso, concentrado, Marsala, Malmsey, Jerez Cream
Ruibarbo, creme	branco licoroso, Coteaux du Layon, Riesling botritis
Salada de frutas	espumante branco doce, Champagne, Asti Spumante
Sorbet	espumante doce leve, Moscato d'Asti, Clairette de Die
Sorvete	denso, aromático, Beaumes de Venise, Liqueur Muscat
Suflê doce	denso, perfumado, Gewürztraminer Vendange Tardive
Suspiros	espumante branco doce, Moscato d'Asti, Vouvray
Tarte Tatin	colheita tardia, Vouvray, Riesling Vendange Tardive
Tiramisu	moscatéis, Moscato d'Asti, Rivesaltes, Liqueur Muscat
Tortas doces	branco licoros denso, Beerenauslese, Tokaji, Sauternes
Zabaglione	doce fortificado, Marsala, Malmsey, Jerez Cream

~ capítulo 11

Outros pratos, Cozinhas exóticas, Combinações

Quando se trata da comida de países sem tradição vinícola, deve-se redobrar a atenção na combinação com vinhos.

O princípio do realce por regionalismo está descartado e o equilíbrio das sensações é dificultado pela mistura, no mesmo prato, de ingredientes e molhos de gostos opostos, salgados-doces ou agridoces.

É o que se passa também com a chamada cozinha *fusión*. Às vezes a escolha do vinho não passa de divertimento ou até de perda de tempo, pois os pratos não são feitos para isso, sendo provável que outro tipo de bebida seja mais adequado.

Tratando-se de comida asiática, o molho – *satay, curry, chutney, raita, nam-pla* – é de tal forma importante que, muitas vezes, é com eles que a bebida deve combinar e não com o ingrediente principal.

VINHOS *VERSUS* OUTRAS BEBIDAS

Existem, porém, combinações com vinho até mais prazerosas do que as dos costumes na origem. Senão, vejamos (na dúvida, visite o glossário de comidas no fim deste livro):

• A tradição chinesa de se beber chá com as entradas Dim-sum não nos inibe de, em vez disso, ajustá-las a um vinho branco seco, leve, frutado, como Pinot Grigio, Orvieto, Riesling Itálico ou Frascati ou um espumante.

• Outra vitória se alcança acompanhando caviar com Champagne, em vez de vodca. A perlage inibe a alteração do hálito pelo gosto de maresia das ovas. A acidez do vinho equilibra com galhardia a untuosidade do caviar.

• Salmão com mostarda e açúcar – o *gravadlax* escandinavo –, que se acompanha com aguardente akvavit, pode ser opcionalmente realçado por um bom Chardonnay do Novo Mundo, untuoso, refrescado.

• A Grã-Bretanha coloca a cerveja Guiness a serviço da Cavalinha. Uma combinação também interessante e mais fácil de encontrar vai para o Vinho Verde Branco, fresco, com agulha, bem frio. Já a Cavalinha defumada, tida como "gordurosa assassina" de vinhos, requer cerveja mesmo. Vinho, só se for uma copita de Jerez seco.

• A juventude americana globalizada celebra o casamento de hambúrguers com as Colas (Coca, Pepsi...). Um tinto frutado, refrescado, da Gamay, pode ser uma resposta adulta mais adequada.

• Os escoceses têm no *haggis* seu prato nacional. Muitos se atrevem a acompanhá-lo com Malt Whisky. Mas um Cabernet Sauvignon ou um Merlot jovem, frutado, responde à altura. Por via das dúvidas, um copo de água fresca ao lado.

• O Yuk Whe, aclamado bife tartar condimentado da Coreia, tem no saquê ou na vodca companhias preferenciais. Tintos leves, jovens, refrescados – Bardolino, Beaujolais Villages, Valpolicella, Merlots do Novo Mundo – seriam agradáveis opções ocidentais em que o álcool, o frutado e os taninos substituem civilizadamente a riqueza alcoólica única daquelas bebidas.

Last but not least, citemos o costume grego de acompanhar com café a *baklava*. Se você está na Grécia, tão prazeroso quanto isso seria escolhê-la com um moscatel de Patras ou de Samos. Se não está, com um moscatel de Setúbal, Málaga ou Pantelleria. Na América do Sul, com os *late harvest* do Chile ou com os moscatéis doces do nordeste brasileiro.

ESPUMANTES, A PANACEIA

Os sabores das cozinhas asiáticas – indiana, chinesa, tailandesa, japonesa etc. – são variados, desde os mais expressivos, com molhos picantes, apimentados, aos mais delicados, doces ou agridoces.

Para generalizar, sem incorrer em surpresas desagradáveis, há que se recorrer a vinhos que, além de refrescantes, cortem a oleosidade, compensem a doçura e ajustem o hálito. Isto é, aos espumantes.

A companhia de espumantes secos ou semissecos é comum a todas as cozinhas asiáticas, e também à cozinha *fusión*, quase que como uma saída para o impasse criado pelas misturas, fusões e combinações, e pelos molhos expressivos e ecléticos.

Trata-se de ter discernimento para, conhecendo a comida, escolher um grande espumante caro, ou apenas um bom espumante brut ou demi-sec a bom preço, um Blanc de Blancs leve ou um Millesimé, encorpado.

Outros vinhos podem ajustar-se adequadamente a tais comidas, mas a solução deve ser procurada caso a caso, como nas observações a seguir.

COMIDA CHINESA E VINHOS

Ainda que o vinho não faça parte da cultura tradicional da China, sua cozinha é a mais fácil de combinar com vinhos entre as asiáticas, sendo prudente limitar-se a vinhos brancos frescos, mais ou menos perfumados.

Sauvignon Blanc, Riesling e Gewürztraminer estão na frente, em ordem crescente de intensidade aromática.

As entradas *Dim Sum* pedem um branco seco robusto como um Sauvignon Blanc chileno, australiano e outros do Novo Mundo.

Para os pratos mais conhecidos – *Gyosa* de frango, *Chop Suey* de porco, Frango Xadrez, carnes desfiadas com cebola e legumes etc. – os Riesling secos Kabinett ou Spätlese vêm em primeiro lugar. Seguem-se os Riesling do Novo Mundo, um pouco mais encorpados.

Com molhos apimentados, pode-se passar para um Sauvignon Blanc da Nova Zelândia. O sofisticado Pato de Pequim, de sabor e textura particulares e com molhos agridoces, requer algo mais encorpado e perfumado, como Gewürztraminer.

COMIDA INDIANA E VINHOS

Não se trata aqui de um único, mas de inúmeros estilos culinários originados em áreas vastas e populosas, de civilização antiga. Em comum entre tais estilos, o foco no preparo e na utilização dos molhos – *chutneys, raitas, curries* etc. – e na obtenção de sabores marcantes.

Com isso, boa parte da cozinha indiana afasta-se da combinação com vinhos, seja pelo amargor, seja pela adstringência. *Chutneys*, por exemplo, não guardam afinidades com vinhos.

A parte que aceita vinhos pode pedir tanto brancos quanto tintos. Para pratos delicados, Semillon, Riesling Itálico ou Trebbiano secos; para os condimentados, Viognier ou Gewürztraminer.

Iguarias amenizadas por iogurte ou arroz, como o frango estilo Korma, pedem um Chardonnay abaunilhado do Novo Mundo. O frango estilo Tandoori, de cozimento rápido, pode merecer um Cabernet ou Merlot jovem ou um tinto leve estilo Bardolino.

Dependendo do ingrediente principal, pratos com Curry requerem brancos frutados, aromáticos (Orvieto, brancos do Rhône, Chardonnays sem madeira) ou tintos leves (Merlot do Novo Mundo, Rioja Crianza). Para quem gosta de exaltar a condimentação, um Rhône de bom corpo como Chateauneuf, Gigondas ou Cornas.

Quando suavizados por leite de coco ou lima, os *curries* requerem brancos perfumados e florais tipo Riesling, Viognier ou Gewürztraminer.

COMIDA TAILANDESA E VINHOS

O uso de especiarias, amendoim e ervas aromáticas faz com que a cozinha Thai se destaque pela profundidade do sabor, com relevância para temperos salgados, salgados-doces, agridoces ou doces. Uma simples salada *thai* de frango inclui hortelã, coentro, pimenta, limão e *nam-pla*.

Os pratos menos condimentados requerem vinhos brancos vivos e a Sauvignon Blanc vem à frente mais uma vez.

Cítricos, manjericão e coentro formam um conjunto no molho que nem a usual adição de leite de coco suaviza. O talharim Pad-Thai leva amendoim e tamarindo, requerendo então um Riesling alemão Spätlese ou Auslese.

Gengibre ou Capim-limão pedem algo mais ácido, Sauvignon Blanc ou Riesling do Novo Mundo.

Finalmente, os pratos com Satay – amendoim e leite de coco – querem ou mais untuosidade e/ou mais perfume de sua companhia, um Chardonnay californiano amadeirado ou um Gewürztraminer seco.

COMIDA JAPONESA E VINHOS

Os *chefs* da cozinha japonesa esforçam-se por preservar o frescor dos ingredientes de seus pratos, servindo-os crus ou preparando-os com cozimento curto. Contrastando com os molhos marcantes dos exemplos anteriores, os molhos nipônicos distinguem-se pela suavidade.

É verdade que raiz-forte, gengibre, gergelim, molho de soja etc., que acompanham ou fazem parte de sushis e sashimis, dificultam a harmonização com vinhos.

Sushis e *sashimis* diversos, servidos ao mesmo tempo com todo seu *entourage*, formam um conglomerado de aromas e sabores tão complexo que só um espumante de qualidade enfrenta corajosamente.

Se nos damos o trabalho de escolher um pouco mais, um Riesling Kabinett, alemão ou austríaco, merece uma oportunidade. Na presença da raiz forte, há que se render a um Sauvignon Blanc do Novo Mundo.

Tempura e frituras semelhantes requerem brancos secos frescos sem madeira, Pouilly Fuissé, Verdicchio, Rueda, Riesling Itálico.

Os tintos têm, aqui, pouco espaço. Limitam-se aos mais leves de Cabernet Franc, Pinot Noir, Corvina ou Gamay para os pratos de carne (*shabu-shabu*, *teppan-yaki*) ou de frango (*yakitori*).

PRATOS HÍBRIDOS, FUSÕES, COMBINAÇÕES

Na moderna cozinha internacional, a concorrência tornou compulsória a criação de novidades. Surge então a culinária *fusión*, apátrida e atemporal, em que se misturam ingredientes, receitas e pratos antigos e novos, de diferentes culturas.

Existem inúmeros casos em que isso dá certo, por conta do talento e da experiência dos profissionais da cozinha.

Essa liberdade de invenção, saudável e oportuna, poderia levar o sommelier à perplexidade na escolha da bebida apropriada. Os pratos apresentam tantos contrastes que levariam a um impasse por pedirem, ao mesmo tempo, tintos e brancos, leves e encorpados, secos e doces. Mais uma vez, os espumantes e o champanhe são a solução abrangente possível.

A qualidade e a sofisticação dos ingredientes ditarão o nível de qualidade do espumante: simples, de boa qualidade, superlativo. O corpo do espumante será ditado pelo peso do ingrediente mais pesado:

• Espumantes leves (Prosecco, Sekt, espumantes simples do Novo Mundo, Champagne Blanc de Blancs) para o prato em que o ingrediente mais pesado seja relativamente leve.

• Espumantes de médio corpo (Champagne Brut, Cava, espumantes brut brasileiros) quando o mais pesado dos ingredientes seja de médio peso.

• Espumantes encorpados (Champagne Millesimé, Cava superior, os melhores espumantes brasileiros) para pratos em que o ingrediente principal de mais peso seja pesado.

Claro está que, estudadas as novidades caso a caso, poderemos dar preferência a vinhos brancos, rosados ou tintos conforme a suculência; secos, suaves ou doces, conforme se combinem por composição ou por oposição; leves, de bom corpo ou encorpados, de acordo com o peso do ingrediente mais pesado.

HARMONIZANDO COM IGUARIAS INCOMUNS

(Na dúvida, visite o glossário de comidas no fim deste livro.)

Alfaquim	branco de bom corpo, Chardonnay amadeirado
Avgolemono	branco seco ácido, Chardonnay sem madeira
Blinis	espumantes de classe, Champagne Brut
Cajun	tinto leve frutado, Gamay, Beaujolais, Grignolino
Cavalinha	branco seco ácido, Vinho Verde Branco, Rioja Blanco
Caviar	bons espumantes, Champagne Brut Millesimé
Ceviche	branco ácido, Vinho Verde, Sauvignon Blanc jovem
Chilli	tintos condimentados, Côte Rôtie, Shiraz australiano
Chupe	brancos untuosos, Chardonnay chileno ou australiano
Curry (c/ carne)	tintos pouco taninosos, Rioja, Tempranillo, Beaujolais
Curry (c/ aves)	rosados de bom corpo, Tavel Rosé, Navarra Rosado
Curry (c/ peixe)	brancos untuosos, Chardonnay amadeirado
Cuscus	rosados secos leves, Rosé de Malbec, Provence Rosé
Dim Sum	branco seco fresco ou espumante, Riesling kabinett
Estifato, *stifatho*	tinto seco, bom corpo, Crozes-Hermitage, Chianti
Frango *Kiev*	branco seco, bom corpo, Alsace Riesling, Chardonnay
Frango *Korma*	branco suave, bom corpo, Rheingau Riesling Auslese

HARMONIZAÇÃO

Frango *Tandoori*	tinto seco pouco taninoso, Merlot do Novo Mundo
Frango *Tikka*	tinto maduro encorpado, Bordeaux, Pomerol
Frango Xadrez	branco seco aromático, Riesling Kabinett
Frikadeller	tinto seco de médio corpo, Chianti, Crozes Hermitage
Gravadlax	branco seco fresco, Chablis, Chardonnay, Riesling
Guacamole	branco aromático, Sauvignon Blanc, Moscatel seco
Gulache, *goulash*	tinto frutado robusto, Cabernet Sauvignon, Zinfandel
Haggis	tinto frutado, Cabernet Sauvignon do Novo Mundo
Homus, houmus	branco seco ácido, Verdicchio, Rueda, Dão
Kebabs	tinto robusto, Cabernet Sauvignon ou Shiraz NM
Keftethes	tintos de médio corpo, Madiran, Chianti, Merlot
Meze, mezze	rosados de médio corpo, Rosé de Provence, Navarra
Moussaka	tinto de bom corpo, Naoussa, Chianti, Rioja, Corbières
Nam-pla	branco seco amanteigado, Chardonnay do Novo Mundo
Nam-prik-num	branco seco perfumado, Gewürztraminer, Viognier
Pato pequinês	branco encorpado perfumado, Alsace Gewürztraminer
Pla-raa	branco fresco com agulha, Vinho Verde Branco
Raita	branco seco amadeirado, Chardonnay australiano

Sashimi	branco seco, aromático, Riesling, Sauvignon Blanc
Satay	branco seco amanteigado, Chardonnay californiano
Schindelbraten	branco jovem ácido, Grüner Veltliner, Pinot Grigio
Sushi	branco seco aromático, Riesling, Sauvignon Blanc
Sushi variado	espumante branco seco, brut da Serra Gaúcha
Tandoori	tintos pouco taninosos, Cabernet Franc, Merlot NM
Taramasalata	branco seco ácido, Sauvignon Blanc NM, Retsina
Tempura	branco seco ácido, Sauvignon Blanc, Chablis
Vindaloo	branco seco fortificado, Jerez Fino, Manzanilla
Yuk-whe	tintos pouco taninosos, Valpolicella, Beaujolais

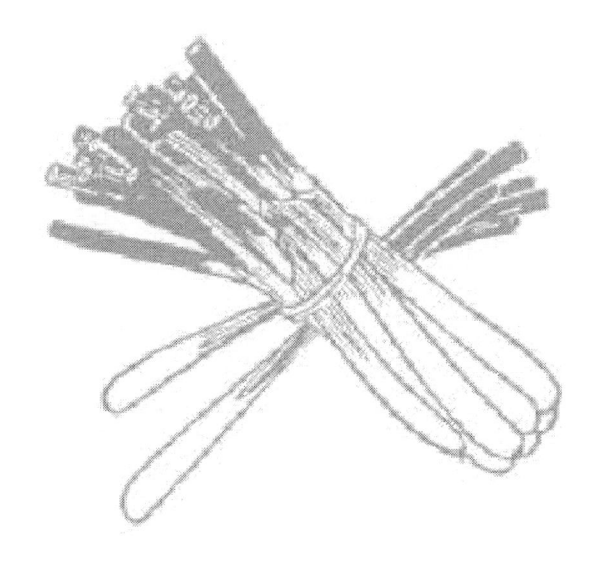

∿ capítulo 12

AFINIDADES

O conhecimento das diferentes características dos vinhos e das comidas, bem como das sensações delas advindas, levam-nos à conclusão de que certos pratos ajustam-se sem problemas e guardam afinidade com vinhos, outros lhe são indiferentes, outros não combinam com facilidade.

Em cada um desses casos trata-se, na prática, de:

• estabelecer a parceria adequada no caso das comidas afins, aplicando os princípios da harmonização;

• cercar os ingredientes neutros com molhos ou contornos adequados, tornando-os comidas afins;

• neutralizar, quando possível, a causa da falta de afinidade.

COMIDAS QUE GUARDAM AFINIDADE COM O VINHO

Para elas, aplicam-se, sem dificuldades maiores, os princípios de equilíbrio (peso *versus* corpo do vinho), harmonia (sensações provenientes da comida *versus* sensações do vinho) e realce (melhoria simultânea dos parceiros). São:

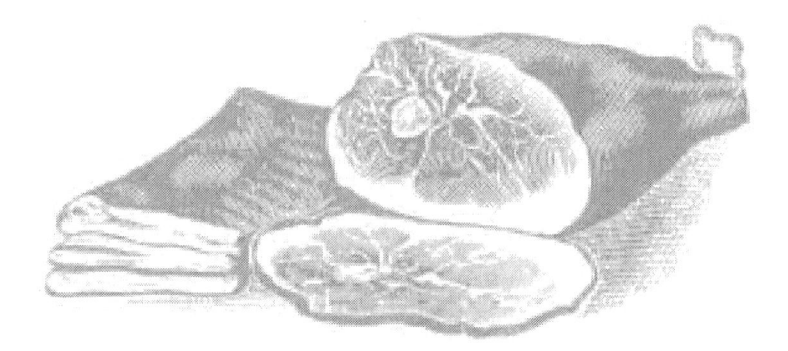

- os frutos do mar, crustáceos, mariscos, ostras, moluscos, que se dão bem com vinhos brancos ou espumantes, de corpo leve para médio;
- as aves e as carnes em geral – bovina, suína, ovina, caprina –, que requerem, de acordo com a sua suculência, brancos, rosados ou tintos e, de acordo com o peso, vinhos leves, de médio corpo ou encorpados.
- as caças, que pedem vinhos tintos de bom corpo para encorpados;
- os cogumelos e trufas, *champignons* e *funghi*, que requerem vinhos rosados ou tintos de bom corpo;
- queijos e doces, tratados neste livro em separado;
- frutas pouco ácidas (pera, pêssego...).

COMIDAS NEUTRAS EM RELAÇÃO AO VINHO

São compostas por ingredientes de pouco sabor ou de gosto muito delicado, como alguns legumes e verduras, massas e peixes. Podemos apontar como tais:

- verduras (alface) e legumes (chuchu, cenoura);
- tubérculos: batata, aipim, mandioca, cebola...;
- as massas: talharim, espaguete, *papardelle*, *penne* etc.;
- os pães;
- arroz branco cozido, farinha de mandioca;
- peixes de carne branca.

Em tais casos, a combinação com a bebida é determinada pelo molho, por outros ingredientes do prato, ou pelo modo de preparação. Curiosa e felizmente, os molhos brancos – à base de creme de leite ou iogurte – adaptam-se melhor a vinhos brancos, enquanto que molhos escuros – ferrugem, de carne, de cogumelos, de molho de tomate – preferem a companhia de vinhos rosados ou tintos.

Ainda que não se trate de regra inflexível, isso facilita a escolha do vinho quando se conhece o molho, ou a escolha do molho, quando se parte de determinado vinho.

COMIDAS QUE NÃO GUARDAM AFINIDADE COM OS VINHOS

Excesso de amargor, acidez ou doçura na comida dificulta seu casamento com vinhos, já que esta bebida não tem componentes à altura para contrabalançá-los.

Também a textura de alguns ingredientes, como gema de ovo e chocolate puro, que tendem a isolar as papilas, distancia-se da bebida.

Podemos dizer então que os ingredientes seguintes não guardam afinidade imediata com vinhos, pelas razões indicadas:

Alcachofra, aspargos, jiló, rúcula, chicória, espinafre e endívias, pelo amargor.
Como ajustar para o vinho: por cozimento ou por acréscimo de ingredientes doces ou frutas.

Pimenta, páprica, chili, gengibre e raiz-forte, pelo caráter picante.
Como ajustar para o vinho: uso mínimo ou moderado, ou pela adição de elementos neutros (arroz branco cozido, purês de batata, pão).

Limão, laranja, lima, abacaxi, ananás, vinagre e vinagretes, pela acidez.
Como ajustar para o vinho: incluir ingredientes adocicados (figo, leite de coco...), moderando o uso. Ou mesmo evitar, no caso do vinagre.

Geleia de hortelã e doces açucarados, pela doçura.
Como ajustar para vinho: evitar ou acrescentar ingredientes ácidos.

Gema de ovo, pela cobertura das papilas gustativas.
Como ajustar para vinho: sob a forma de omelete, acrescentando outros ingredientes (presunto, queijo, cogumelos...).

Pratos da cozinha afro-brasileira – abará, acarajé, munguzá, bobó, vatapá etc. – pela presença marcante de pimenta, temperos e azeite de dendê.

Na procura da parceria do vinho em tais casos, devemos moderar o uso dos ingredientes sem afinidade e suavizar as características apontadas, por adição de ingredientes neutros ou de sabor oposto.

Para fazê-lo corretamente, é indispensável que se leve em consideração a proporção do ingrediente sem afinidade na receita total:

• proporção alta, evitar a companhia de vinho;

• proporção média, suavizar a presença do elemento sem afinidade, considerar a possibilidade de um espumante;

• em pequenas propoções, desconsiderar a presença do ingrediente sem afinidade e harmonizar o vinho, espumante ou tranquilo, com os ingredientes preponderantes.

quarta parte

A DINÂMICA DA HARMONIZAÇÃO

Nosso organismo requer alimentos, mas não exige sua ingestão contínua. Tendo sido digeridos, eles levam algum tempo para serem assimilados. Assim, a alimentação é dividida em refeições distanciadas – café da manhã, almoço, jantar –, que podem ser simples intervalos para se engolir os alimentos, afugentando a fome, ou exercícios tranquilos e prazerosos, às vezes demorados. Neste caso, as comidas e bebidas do cardápio devem estar programadas de forma criteriosa.

Colocar vinhos adequados em um cardápio faz parte da arte da mesa e não é "coisa intuitiva". Erros nesse campo demonstram falta de gosto ou imperícia. Ao longo da refeição procura-se casar os gostos dos dois – comida e vinho –, dando lugar a impressões alternadas que seguem certa direção, valorizando-se.

Um vinho de gosto discreto e pouco corpo pode desmerecer uma comida rica e saborosa. Uma bebida potente, encorpada, é má companhia para um prato leve, sutil, delicado. Pratos rústicos pedem vinhos de caráter semelhante. E pode-se perder o efeito da preparação esmerada de uma iguaria, irrigando-a com um vinho inexpressivo.

Aposta-se, vez por outra, em alguma fantasia nesse campo em que o rigor excessivo "pega mal". Mas não se deve esquecer que exageros repetidos aproximam-se do mau gosto.

Diz-se que uma refeição é harmonizada quando a sequência de comidas e bebidas é estabelecida com critério, das mais delicadas para as mais robustas, de tal forma que o vinho e a comida estejam sempre em harmonia e que o princípio do prazer permaneça durante todo o tempo...

Está, então, na hora de praticar os conhecimentos dos capítulos anteriores para organizar uma refeição harmonizada. Isso pressupõe a harmonização sob um aspecto dinâmico, em que cada dupla vinho-comida é influenciada pela anterior e influencia a seguinte.

É o que se mostra nos capítulos seguintes.

~ capítulo 13

A Sequência de Comidas e Vinhos

Antes das refeições, os sentidos estão despertos, à disposição do organismo, para reconhecer a sanidade do que se vai ingerir e excitar a vontade de comer e beber.

A acuidade sensorial reduz-se, porém, à medida que a fome e a sede diminuem. Para que o prazer à mesa se mantenha, é indispensável começar por sabores discretos e avançar com os mais marcantes.

Por outro lado, a sensibilidade das papilas à acidez vai aumentando, enquanto que a reação ao amargor diminui, o que justifica vinhos brancos antes e tintos depois, ingredientes ácidos antes, amargos depois.

O sabor salgado, contínuo e persistente, pede no fim uma contrapartida doce.

CONCEITO DE REFEIÇÃO HARMONIZADA

Para que a evolução de menos para mais seja contínua, há que se evitar pratos concorrentes entre si na mesma refeição; por exemplo, um prato de massa seguindo-se a outro; um de peixe em seguida a outro; um filé depois de uma paleta.

Tais repetições distorcem a curva ascendente e representam uma armadilha na escolha dos vinhos.

Dizemos então que uma refeição é harmonizada quando a seqüência de comidas e bebidas é criteriosa, das leves para as robustas, com cada prato combinando com o seu vinho.

As porções e doses serão tanto menores quanto maior o número de pratos. Em consequência, o sentimento de prazer à mesa permanece durante todo o almoço ou jantar.

DIRETRIZES PARA AS SEQUÊNCIAS

Com base nas constatações anteriores, podemos estabelecer as diretrizes e sequências clássicas para comidas e vinhos em uma refeição caprichada.

diretrizes para a sequência das comidas:

- iniciar com pequeninas porções tipo tira-gosto, para acentuar o apetite;
- seguir com um prato leve, de pouco sal, boa acidez e amargor discreto;
- depois as de médio peso, sabor agradável, ácido-amargo;
- depois as pesadas, sabor marcante, salgado-amargo, meio-ácido;
- terminar pelo sabor doce ou salgado-doce, de acidez discreta;
- evitar a inclusão de dois pratos do mesmo tipo e mesmo nível.

sequência clássica para comidas:

- aperitivos, antepastos, ostras, canapés, *hors d'oeuvres*, tapas;
- saladas, *consomés*, sopas ralas, massas e risotos simples, frutos do mar;
- peixes, lagostas, sopas cremosas, massas, risotos complexos;
- aves e caças de pena (marreco, perdiz...);
- carnes bovina, suína, ovina, caprina... e caças de pelo (javali, veado...);
- queijos, doces, frutas.

diretrizes para a sequência dos vinhos:

- começar com espumantes, brancos leves ou aperitivos fortificados;
- prosseguir com os de médio corpo, maduros, aromáticos;
- depois os encorpados, envelhecidos, de buquê mais rico;
- terminar com vinhos ou espumantes doces;

- obedecer a ordem pela cor, pelo corpo, pela doçura e pela idade:
pela cor: *brancos, rosados, tintos*
pelo corpo: *leves, de bom corpo, encorpados*
pela doçura: *secos, suaves, doces*
pela idade: *jovens, maduros, envelhecidos*
- evitar a inclusão de dois vinhos de mesmo tipo e nível.

sequência clássica para os vinhos:

- espumantes, branco seco ou Jerez;
- branco seco de médio corpo ou encorpado, com madeira;
- rosados leves ou de médio corpo;
- rosados encorpados;
- tinto seco jovem, leve ou de bom corpo;
- tinto seco maduro, de bom corpo para encorpado;
- tinto envelhecido encorpado.

Obedecidas as diretrizes acima e escolhido o número de pratos que serão servidos, falta cuidar para que, a cada prato, corresponda um vinho que se ajuste a ele em estrutura, harmonia e realce.

Quanto maior o número de pratos e vinhos, menor a porção e a dosagem a ser servida ou consumida, de forma que sempre haja fome e sede para os pratos e bebidas seguintes.

HARMONIZAÇÃO

capítulo 14

Organizando a Refeição

A organização da refeição harmonizada – almoço ou jantar – tem, então, por base:

- a sequência dos pratos, dos delicados e leves para os robustos e pesados;
- a sequência dos vinhos, dos leves e jovens para os encorpados e maduros;
- cada prato harmonizado com o vinho que lhe corresponde.

E não esquecer o caráter dinâmico da sequência: o que veio antes, o que virá depois. Evite-se, por exemplo, incluir uma iguaria que requer vinho doce (*foie gras*, roquefort) antes de outra que exige um tinto. Ou um prato de peixe com vinho branco e depois outro que pediu um tinto taninoso.

Apenas como referência, vamos considerar como padrão, neste ponto, a sequência seguinte de quatro fases:

FASES	COMIDA	VINHO
Entrada	antepastos, canapés	espumante
Primeiro prato	saladas, sopas, massas, peixe	branco ou rosé
Prato principal	peixe, aves, carnes	branco ou tinto
Sobremesa	queijos, frutas, doces	doce

O que se vê, na prática, são variações em torno desse padrão, com um número maior ou menor de fases e outras opções de comidas e bebidas.

ENTRADAS

canapés, antepastos, *hors d'oeuvres, amuse bouche, tapas...*

Essas comidinhas, servidas em pequenas porções antes da refeição, estimulam o apetite. São acompanhadas de preferência por um espumante, por um branco seco frutado ou um Jerez Fino.

O espumante deve ser leve, um Champagne não milesimado, um Blanc de Blancs, um Cava, um bom Proseco ou um brut da Serra Gaúcha. A escolha se baseia no tipo e na sofisticação das entradas. Boa alternativa é um branco seco frutado, fresco, sem madeira, como um Sauvignon Blanc servido frio.

Agora, se o serviço é de *tapas* ou canapés salgados, bem temperados, como azeitonas, aliche, nozes, castanhas, amêndoas, avelãs, o melhor é uma copita de Jerez seco, Fino ou Manzanilla, abridores eméritos do apetite.

PRIMEIROS PRATOS

saladas, aspargos, sopas, ostras, massas, cogumelos, patês

Saladas isoladas são sempre primeiros pratos. Para merecer a companhia de vinho, é bom que tenham azeite e não tenham vinagre. Se tiver limão, que seja pouco.

O vinho será branco leve: Sauvignon Blanc, Trebbiano, Riesling etc. Havendo ingredientes não-vegetais – queijo, presunto –, um Rosé se sai bem. Ao optar por este, não perder de vista o que vem depois.

Aspargos são um ardil para vinhos, devido ao amargor. Quando frescos e cozidos na manteiga, ajustam-se a brancos ácidos de bom corpo: Muscat d'Alsace, Riesling, Sémillon ou Sauvignon Blanc neozelandês.

Em geral, as sopas ralas vão melhor sem vinho, mas o *consomé* de carne agradece um cálice de um fortificado seco, tipo Amontillado. Cremes acomodam-se a estilos mais encorpados, como um Chardonnay amadeirado e amanteigado, do Novo Mundo.

Sopas reforçadas tipo minestrone beneficiam-se de um Chianti para dar partida à ceia. Considere-se, porém, a escolha do vinho seguinte. A dinâmica, às vezes, requer a preferência por brancos e rosados no início.

Se se começa magistralmente com ostras frescas servidas com uma gotinha de limão, não se pode dispensar um vinho branco seco, bem fresco: Muscadet, Chablis, Sauvignon Blanc, Champagne ou espumante brut.

Tratando-se de massa – talharim, espaguete, *papardelle* etc. –, o vinho será escolhido em função do molho. Com molhos brancos e frutos do mar, brancos secos como Orvieto, Pinot Grigio ou Frascati. Com molhos vermelhos ou ferrugem, um tinto simples, estilo italiano, como Dolcetto, Valpolicella ou Chianti sem sobrenome.

Com patês, a preferência vai para um branco aromático pungente: Gewürztraminer, Fumé Blanc californianao, Sémillon australiano. Dependendo do antes ou depois, pode-se optar por um tinto macio, de leve para bom corpo, como Dolcetto, Valdepeñas, ou um Merlot brasileiro.

frutos do mar, atum, salmão, vieiras, embutidos, miúdos

Crustáceos frios na salada sentem falta de um branco leve e fresco: Vinho Verde, Muscadet, Frascati, Pinot Grigio, Riesling do Novo Mundo. Em pratos quentes, a gordurosidade intrínseca de camarões e lagostins requer a companhia de um branco seco fresco, aromático, e um Sauvignon Blanc ou um Riesling alsaciano seria escolha mais adequada. Com maionese, qualquer que seja o vinho branco a escolha deve recair sobre o mais jovem e ácido.

Outra armadilha na organização é o atum. Muitas vezes a sequência requer um branco e a opção por um Chardonnay amadeirado (com a presença de molho *Satay*, que leva amendoim, essa escolha é compulsória). Outra opção é um tinto macio, de leve para bom corpo, como Cabernet Franc do Loire – Chinon ou Bourgueil – ou Pinot Noir do Novo Mundo.

Iguarias de salmão fresco pedem brancos elegantes, frescos, de médio corpo com alguma acidez: Chablis Grand Cru, Chardonnay sem madeira, Rieslings alemães. Já o salmão defumado requer um branco de peso: Gewürztraminer ou Alsace Pinot Gris, ou um bom Borgonha branco.

Simplesmente salteadas ou pocheadas, as vieiras são ingredientes delicados que pedem a escolha de brancos leves, suaves: Chardonnay sem madeira, um Rully ou um Pouilly Fuissé ou um Riesling alemão semisseco do Mosel.

Os embutidos – salsichas e salsichões, salames e salaminhos, mortadela e presunto – dão menos trabalho. Solicitam tintos jovens, pouco estruturados, e aqui a Gamay e os Beaujolais saem na frente, tendo como opção os Cabernet Franc do Loire ou os Merlot simples sul-americanos.

Miúdos animais, como fígado ou rins, exigem um jovem tinto de boa cepa, particularmente da Cabernet Franc, como o Chinon, ou Ribera del Duero, Dão, Barbera, Beaujolais cru. Ou um Merlot sul-americano. Os bolinhos de fígado alemães servidos com baço e caldo preferem a companhia de brancos do Pfalz, de Baden ou da Francônia.

Timo e bucho requerem um branco expressivo, de estilo alsaciano: Pinot Gris, Riesling ou até mesmo Gewürztraminer, dependendo da aromaticidade do molho.

PRATOS PRINCIPAIS

lagosta, peixe, frango, aves em geral, carnes em geral, assados, caças, cordeiro

Lagostas quentes suplicam por um branco excelente, encorpado, se possível um Borgonha branco (Montrachet, Meursault), tão sofisticado como elas. Alternativamente, os melhores Chardonnays do mercado. Com molhos marcantes, pode-se recorrer a um Viognier, Condrieu ou Chateau Grillet.

Peixes de carne branca de textura macia – truta, linguado, rodovalho, – com molhos delicados são companhia para brancos leves sem madeira, de qualquer parte. Riesling secos, Pinot Grigio e Rueda estão entre eles. Peixes com mais estrutura – cherne, bacalhau fresco – requerem brancos de mais corpo, como Chardonnay sem madeira ou Sémillon do Novo Mundo. Peixes de carne estruturada – peixe-espada, são pedro – exigem um branco encorpado amanteigado, tipo Chardonnay californiano.

Frango, galinha e galinha d'angola desempenham melhor seu papel à mesa quando coadjuvados por um tinto maduro de médio corpo, pouco taninoso: Merlots do Novo Mundo, Pomerol, borgonhas maduros, Pinot Noir do Oregon. Para o galeto assado, a preferência passa para um branco seco.

Galo cozido em vinho – estilo *coq au vin* – pede o vinho do cozimento, se for de qualidade condizente. Se não, Bourgogne Rouge ou um Pinot Noir de primeira, do Oregon ou da Nova Zelândia (Central Otago).

Perdiz e faisão não fazem por menos: exigem como escolta os tintos mais nobres e maduros, principalmente Bordeaux da margem direita, como St. Emilion e Pomerol, Barolos e Brunellos.

As carnes de pato, ganso ou marreco em molhos na massa ou no risoto requerem tintos de médio corpo com acidez suficiente para cortar a gordura. Crozes Hermitage, Chianti Clássico e Pinot Noir de Carneros atendem. Já o pato com laranja exige a passagem para um branco de respeito, Gewürztraminer sendo a combinação clássica. Um Riesling Auslese alemão ou austríaco, aromático, semisseco, é uma opção sofisticada.

Iguarias de pato da alta cozinha requerem grandes tintos maduros: Hermitage com oito anos ou um Shiraz australiano de primeira. Mais uma vez, a definição deve levar em conta o que veio antes e o que vem depois.

Peru assado merece um tinto nobre, encorpado: um Saint Emilion ou Pòmerol, um Gigondas, ou um corte Cabernet-Shiraz australiano.

Para o filé-mignon, tintos de bom corpo da Cabernet Sauvignon. Mas também Shiraz, Nebbiolo, Sangiovese ou Bairrada Baga. Sem esquecer a Tempranillo em suas diversas facetas: portugueses da Aragonês ou Tinta Roriz, espanhóis da Tinto Fino (Ribera del Duero).

Assados e grelhados em geral – particularmente o *chivito* (cabrito) na grelha – ajustam-se às maravilhas com os Malbecs de Mendoza.

Porco ou costeletas de porco ficam mais felizes com tintos estruturados com um toque condimentado: Syrah do Rhône, Shiraz autraliano, Bairrada, Barolo ou os melhores toscanos como o Brunello.

O Cabernet Sauvignon parece ter sido criado para acompanhar um cordeiro assado. Procure o mais maduro Bordeaux ou similares de Napa ou do Chile. Mas os Malbecs de Mendoza não ficam atrás, principalmente se cortados com Cabernet Sauvignon, Merlot ou Shiraz.

HARMONIZAÇÃO

QUEIJOS (*vide* capítulo especial sobre queijos e vinhos)

frescos, macios, cremosos, semiduros, duros, azuis, de cabra

Em refeições longas e rebuscadas, o queijo serve de intermediário entre o prato principal e a sobremesa doce. Em outros casos, ele é servido junto com o doce, como na goiabada com catupiry.

Quase todos os queijos podem ser combinados com brancos, tintos ou rosés. A sequência – o que veio antes e o que vem depois – ajudará ou até mesmo determinará a escolha.

Queijos frescos, como minas ou boursin, podem ser realçados tanto por um branco quanto por um rosado ou tinto, desde que leve e frutado.

Queijos macios – camembert, brie – requerem brancos ou tintos de médio corpo. O Munster, de sabor pronunciado, pede algo mais perfumado.

Queijos cremosos simples – requeijão, catupiry – podem ser coadjuvados por brancos de médio corpo. Os complexos, de gosto marcante – Serra da Estrela, por exemplo – exigem um tinto alcoólico e doce como o Porto.

Para queijos semiduros – prato, provolone, emental, gouda –, a preferência passa para bons tintos bem maduros, com taninos completamente domados.

Queijos duros – grana padano, parmesão, minas curado – só se curvam a tintos maduros encorpados ou a vinhos doces alcoólicos (Porto, Marsala).

Queijos azuis, como Roquefort, Gorgonzola, Blue Stilton, Danish Blue, enfrentam duas situações diferentes: no meio da refeição terão que ser emparelhados a tintos potentes envelhecidos.

Em separado, preferem um vinho doce de forte personalidade, como Porto Tawny, ou brancos como Sauternes, Bonnezaux, Beerenauslese alemães ou os Tokaji húngaros.

Queijos de cabra têm na Sauvignon Blanc sua parceira de todas as horas: Sancerre ou Pouilly Fumé, Blanc de Graves ou Entre deux Mers, chilenos da Casablanca ou neozelandeses de Marlborough ou Wairarapa. Preferencialmente, deveriam estar nas entradas. No fim da refeição, teriam de ajustar-se a um espumante encorpado, Blanc de Noirs.

SOBREMESAS (*vide* capítulo especial sobre doces e vinhos)

cremes, chocolate, suspiros, tortas de frutas, salada de frutas

Sobremesas cremosas – creme *brulée*, pudim de leite, torta de abóboras, musse de ameixas – requerem vinhos licorosos, botritizados, como Sauternes ou Barsac, Riesling Beerenauslese ou Tokaji.

Sobremesas com chocolate são sempre um desafio. De qualquer forma, seu sabor marcante quando isolado só pode ser domado por vinhos fortificados, como Porto Tawny ou Banyuls.

As tortas de frutas preferem vinhos doces de colheita tardia (Late Harvest, Vendange Tardive, Spätlese, Vendemia Tardiva ou simplesmente Tardío).

Saladas de frutas frescas ao natural sentem-se mais à vontade sozinhas, com água fresca. Sua acidez não guarda afinidade direta com vinhos, o Asti Spumante sendo a exceção, particularmente com geleias, gelatinas e *sorbets* ou suspiros e merengues.

Algumas frutas menos ácidas, como peras, mangas, pêssegos ou abacaxi bem maduro, contornam essa dificuldade e podem ser companhia para moscatéis e outros vinhos doces de colheita tardia. A pera, na verdade, é uma exceção, pois sua acidez reduzida e seu sabor discreto fazem dela a fruta para vinhos.

EXEMPLOS

Apresentam-se, a seguir, alguns cardápios harmonizados:

- na linha de cima: entrada, primeiros pratos, prato principal, sobremesa.
- na linha de baixo, os vinhos correspondentes.

Abacate recheado, chupe de mariscos, cabrito grelhado, creme de abóbora.
Sauvignon Blanc, Chardonnay com madeira, Malbec, Sémillon licoroso.

Aspargos na manteiga, talharim ao tomate, pombos no espeto, zabaione.
Bianco di Soave, Vin Rosato, Amarone della Valpolicella, Marsala dolce.

Becofe, fricassê de frango, queijo munster e torta de ameixa.
Alsace Sylvaner, Alsace Riesling Gran Cru, Alsace Gewürztraminer SGN.

Caesar Salad, ceviche, *goulash*, perdiz, roquefort e pudim de pão.
Chenin Blanc, Sauvignon Blanc chileno, Zinfandel, Rioja Reserva, Barsac.

Caldo verde, brandade de bacalhau, leitão assado, queijo da Serra.
Vinho Verde, Bairrada branco Bical, Bairrada tinto Baga, Porto Tawny.

Canapés simples, salada panzanella, bisteca fiorentina, grana e cantucci.
Prosecco, Vernaccia di San Gimignano, Chianti Riserva, Vin Santo.

Caponata, Ribollita, pappardele alla lepre, pão-de-ló e frutas cristalizadas.
Frascati, Valpolicella, Brunello di Montalcino, Moscato di Pantelleria.

Consomé, ostras cozidas, *penne* ao pesto, faisão ensopado, *cheesecake*.
Amontillado, Chardonnay Novo Mundo, Barbera, Bairrada, Vouvray doce.

Coquilles Saint-Jaques (vieiras), cassolé, *confit de canard*, creme *brulée*.
Sauvignon Blanc, Beaujolais Moulin-à-Vent, Médoc maduro, Bonnezaux.

Couve-flor gratinada, patê de *campagne*, carne com *chilli*, torta de pecã.
Riesling seco, Sémillon/Sauvignon, Malbec argentino, Madeira Malmsey.

Dim sum, suflê de queijo de cabra, guisado de javali, pavê de amoras.
Champagne Blanc de Blancs, Pouilly-Fumé, Barbaresco, Ausbruch.

Escabeche de frutos do mar, queijo de cabra frito, embutidos, vitela assada.
Albariño, rosé de Provence, Gamay Beaujolais, Rioja Gran Reserva.

Frito misto de legumes, *penne* ao tomate, brasato ao Barolo, frutas.
Bianco Cortese di Gavi, Dolcetto, Barolo envelhecido, Asti Spumante.

Gazpacho, sardinhas grelhadas, coelho ao vinho e ervas, flã ao caramelo.
Manzanilla, Vinho Verde branco, Rioja Reserva, Moscatel de Setúbal.

Gazpacho, brandade, *escargots*, *sauerbraten*, *bistecca*, Stilton e nozes.
Manzanilla, Bical, Chablis Grand Cru, Pinot Noir, Brunello, Porto Tawny.

Guacamole, frango *tandoori*, estrogonofe de carne, tiramisu.
Sauvignon Blanc, Bardolino, Amarone, Vin Santo.

Mariscos grelhados, *carpaccio* de salmão, *confit* de ganso, merengues.
Muscadet sur Lie, Viognier, tinto do Priorato, Asti Spumante.

Meze, frango ao *avgolemono*, *moussaka*, polvo em vinho tinto, *baklava*.
Cava Brut, Chardonnay, vinho rosé, Rioja Crianza, Moscatel de Málaga.

Ostras, enguias fritas, fricassê de cogumelos, cordeiro assado, *foie gras*.
Entre-deux-mers, Côtes de Blaye, Pomerol, Pauillac maduro, Sauternes.

Peixe frito em alho, empanado de vitela, *sauerbraten*, *apfelstrudel*.
Grüner Veltliner, Alsace Riesling, Pinot Noir, Riesling Beerenauslese.

Salada com alcachofras, *bouillabaisse*, estufado de boi, frutas cristalizadas.
Cassis, rosé de Provence, Hermitage tinto, Muscat de Beaumes-de-Venise.

Salada de caranguejo, filé com fritas e arroz, goiabada com catupiry.
Riesling Itálico gaúcho, Merlot do Vale dos Vinhedos, Moscatel doce.

Salada verde, camarões ao vapor, moqueca baiana de peixe, torta de maçãs.
Espumante brut, Chardonnay, rosado seco, espumante gaúcho tipo Asti

Sopa de peixes, *escargots* na manteiga, *coq au vin*, pão de mel.
Rully Blanc, Chablis Premier Cru, Pommard, Crémant de Bourgogne.

Sushi e *sashimi* variado, frango Kiev, rabada, damasco em calda.
Espumante brut, Alsace Riesling, Châteauneuf du Pape, Moscatel doce.

Tapas e azeitonas, *paella* de mariscos, queijo manchego, salada de frutas.
Jerez Fino, Navarra rosado, tinto de Ribera del Duero, Cava semisseco.

Tapenade, gravadlax, pipérade, yuk-whe, crepes Suzette com frutas frescas.
Jerez Fino, Riesling Auslese, Rosé de Malbec, Merlot, Vouvray mousseux.

Melão com presunto, atum, *steak au poivre*, Gorgonzola e chocolate.
Orvieto, Tavel Rosé, Merlot do Novo Mundo, Banyuls.

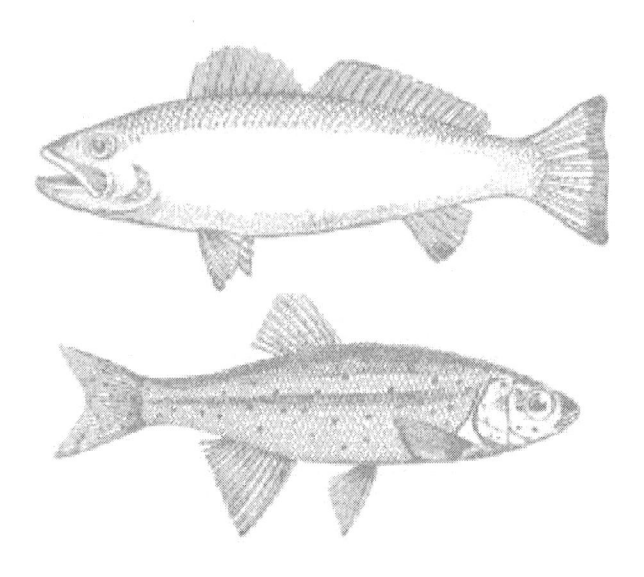

~apêndice | Glossário de Comidas

Abará	bolinho baiano de massa de feijão com pimenta e dendê
Acarajé	bolinho baiano de feijão-fradinho frito em dendê
Açorda	sopa alentejana com alho, espessada com pão
Aiolí, *aïoli*	maionese provençal à base de alho, azeite e pimenta
Alfaquim	peixe dory, neozelandês, salteado em molho de alho
Almôndegas	bolinhos de carne fritos com recheio ou não
Angu	massa de fubá escaldado ao fogo com água e sal
Apfelstrudel	torta enrolada de maçãs e passas, salpicada de açúcar
Aspic	gelatina enformada com recheio de fruta ou carne
Avgolemono	molho grego de ovos com limão, para carnes e aves
Baclava, *baklava*	musse grega de mel com passas e queijo de cabra
Bavaroise	doce gelado de gelatina e creme chantilly com recheio
Béarnaise	molho à base de ovos e manteiga derretida
Béchamel	molho branco de farinha de trigo, leite e manteiga
Becofe, *baeckoffe*	cozido alsaciano de porco, carne, batata e cebola
Belle-Hélène	pera cozida inteira com calda de chocolate
Benhê, *beignet*	massa de trigo, ovos e cerveja para envolver alimentos
Blanquette	ensopado de carne com cenouras, aipo, alho-poró...
Blinis	panquequinhas para acomodar ovas, caviar...
Bobó	refogado baiano de camarão, em creme de leite de coco
Bouillabaisse	caldeirada de peixes com pão torrado ao azeite
Bourride	sopa provençal de peixes de carne branca com aïoli
Brandade	purê de bacalhau e batata cozida com azeite e alho

Burlenghi	massa italiana frita com toucinho, alho e queijo ralado
Burrata	mozarela de búfala amanteigada, com alho e verduras
Cajun	conjunto de pratos condimentados de New Orleans
Cantucci	biscoitos toscanos duros, porosos, de amêndoas
Capixaba	torta de palmito com frutos do mar e cebola, ao forno
Caponata	beringelas fritas em um refogado aromático de verduras
Casmar, *cazmarr*	guisado de miúdos de carneiro, presunto e queijo
Cassata	pão-de-ló siciliano com frutas cristalizadas
Cassolé, *cassoulet*	guisado de feijão com pedaços de carnes diversas
Castagnaccio	bolo genovês doce, com castanhas e passas
Cavala, cavalinha	peixe mediterrâneo, em conserva ou defumado
Cavatieddi	massinha em forma de concha, com queijo e arruda
Caviar	ovas negras de esturjão, salgadas, de sabor *sui generis*
Cazuela	guisado de carnes e legumes feito em caçarola
Ceviche	pequenas fatias de peixe marinado em suco cítrico
Cenci	pão toscano doce, trançado, coberto de açúcar
Chamour	bolo rústico francês de abóbora (do Beaujolais)
Chevrotons	pequenos queijos de cabra picantes (do Beaujolais)
Chile, *chilli*	pimenta mexicana ou prato em que ela predomina
Chucrute	prato alsaciano de repolho fermentado com batatas
Chupe	prato chileno de mariscos ao forno com caldo de peixe
Churrasco	carnes diversas assadas em espeto, na brasa
Chutney	molho agridoce indiano, de gengibre com frutas
Ciammota	cozido italiano de pimentão, batata, beringela e alho
Cianfotta	prato frio de tomate, beringela e abobrinha cozidos
Cicerchiata	bolo de amêndoas com frutas cristalizadas e mel
Cicirata	patisseria calabresa com mel, suco de uva e limão
Clafoutis	massa espessa, de trigo, leite e ovos, com cerejas
Colombo	tempero de alho, pimenta e ervas diluídas em água

Confí, *confit*	cozido de carne imersa em gordura ou azeite
Coulis	calda de frutas para acompanhar crepes, queijos e bolos
Crumble	massa doce quente, ao forno, com passas e frutas
Culatello	embutido italiano, tenro, popular na Serra Gaúcha
Curry, caril	molho condimentado da Índia, feito com pó de Kari
Couscous	prato árabe de trigo com um guisado de carne
Cuxá	molho de folha de vinagreira e gengibre para o arroz
Dim-sum	entradas chinesas diversas, às vezes cozidas no vapor
Echalote	cebola minúscula usada picada no vinagrete
Estifato, *stifatho*	molho grego agridoce, de tomate, cebola e ervas
Estrogonoff	pedaços de carne em molho de creme de leite, vinho...
Empanada	pastel espesso com recheio apimentado de carne moída
Feijoada	cozido de feijão preto com partes do porco, linguiça etc.
Fiadone	torta doce da Páscoa, de ovos, queijo, canela e limão
Flã	pudim macio, doce (de leite) ou salgado (de legumes)
Flammeküche	torta de pão alsaciana, flambada, com creme e *bacon*
Foie gras	fígado de ganso engordado, servido frio ou morno
Fricassé	pedacinhos de carne cozidos em molho
Frico	queijo friulano crocante, frito na manteiga com cebola
Frikadeller	almôndegas nórdicas de carne de boi, porco e veado
Gaspacho	sopa salgada fria de azeite, vinagre, alho, cebola e pão
Gravadlax	fatias de salmão com endro, mostarda, sal e açúcar
Gohan	arroz branco cozido, estilo japonês, sem tempero
Gougéres	bolo doce borgonhês, com queijo Gruyére
Gribiche	maionese de ovos cozidos com pepino e alcaparras
Guacamole	creme mexicano à base de abacate, com ou sem *chilli*

Guiosa, *gyosa*	pastel chinês frito, recheado com carne e verdura
Gulache, *goulash*	ensopado húngaro de carne temperado com páprica
Hachis	carne bovina picada, salteada na manteiga com cebolas
Haggis	pasta consistente de miúdos de carneiro (Escócia)
Harumaki	enrolado de massa fina, recheado (rolinho primavera)
Himmel	linguiça de sangue, com purê de maçã, batata e cebola
Hoki	pastelão de peixe hoki neozelandês com molho picante
Jambalaia	risoto apimentado com frutos do mar e presunto (EUA)
Kaeng	ensopado tailandês apimentado
Kani	carne de caranguejo prensada em tubinhos
Keftethes	almôndegas gregas fritas em óleo
Korma	prato indiano cremoso, de frango, com iogurte e cebolas
Kugelhopf	brioche alsaciano com cobertura de açúcar e passas
Leberknödel	bolinhos de fígado de boi com baço ao caldo
Macadamia	sorvete australiano de nozes e rum
Maionese	molho à base de ovos, mostarda, óleo e vinagre
Massago	ovas de arenque (cozinha japonesa)
Meze, *mezze*	prato grego misto de beringela, alcachofra, lulas...
Moqueca	peixes ou frutos do mar cozidos em panela de barro
Mornay	molho branco com queijo gruyère
Moussaka	almôndegas gregas de carne
Munguzá	grãos de milho cozidos em caldo doce, de leite de coco
Mursiellu	guisado calabrês de porco, tomate e pimenta
Nam-pla	molho tailandês salgado e picante, de peixe

Nam-prik-num	molho tailandês de camarão, pimenta, alho e lima
Navarin	guisado de cordeiro com nabo, cenoura e batatas
Ossobucco	guisado de jarrete de vitela, com aipo, cenouras e ervas
Pad-thai	talharim tailandês com camarão, ovo e amendoim
Panettone	pão natalino milanês, cilíndrico, com passas e chocolate
Panna cotta	nata cremosa, enformada com açúcar queimado
Pappardellle	massa italiana em tiras largas, servidas com molho
Parmentier	purê de batata ao forno com recheio de carne ou vegetal
Pequinês	fatias finas de pato assado com molhos agridoces
Pignata	cozido de cordeiro marinado com vegetais, vinho...
Pilafe, *pilaf*	risoto com curry, cebola e complementos (tâmaras...)
Pipérade	tomates, ovos e presunto cozidos com pimenta
Pla-raa	peixe tailandês em conserva, bem temperado
Pochouse	sopa borgonhesa de peixes de rio ao vinho branco
Pururuca	leitão assado, condimentado, com a pele crocante
Quindim	doce de coco ralado, com gemas, açúcar e manteiga
Rabada	cozido brasileiro do rabo do boi ou da vaca
Rabanada	doce quente de brioche embebido em creme branco
Raita	molho indiano condimentado à base de iogurte
Ratatouille	tomates, beringelas e abobrinhas salteadas em azeite
Rémoulade	molho à base de ovo, mostarda e óleo para pratos frios
Ribollita	sopa toscana de feijões e vegetais engrossada com pão
Rilletes	pedaços de carne (porco, coelho...) cozidos em gordura
Rosticini	bocados de cordeiro ou porco grelhados no espeto
Sabodet	salsichão de porco cozido com lentilhas (Beaujolais)
Salmis	cozido de aves ou caças assadas anteriormente

Saltimbocca	escalopes de vitela fritos em azeite com presunto cru
Sashimi	fatias pequenas, cruas, de peixes ou crustáceos diversos
Satay	molho tailandês de amendoim e leite de coco
Sauerbraten	cozido alemão de carne assada, marinada em vinho
Schindlbraten	cozido austríaco apimentado de porco com páprica
Scripelle	bolinhos italianos cozidos, em sopa rala
Shabu-shabu	fatias finas de carne cozidas em caldo fervente (Japão)
Shiitake	cogumelo comestível de origem chinesa
Stracci	pastelão italiano assado de carne, queijo e legumes
Strùccolo	torta doce friulana de maçãs com ricota fundida
Sunomono	vinagrete japonês de pepino com *kani*
Sushi	arroz branco cozido, com raiz forte, *sashimi*, ovas...
Tafelspitz	peixe cozido com batatas, ervas, pepino e raiz forte
Tatin	torta de maçãs invertida (pelas irmãs Tatin, do Loire)
Tandoori	frango marinado em pó indiano, limão e iogurte
Tapenade	patê de anchovas com azeitonas
Taramasalata	salada grega de tomate, azeitonas pretas e queijo feta
Tártaro, tartar	bife de carne crua moída, com cebola, salsa e gema
Temaki	cone japonês de arroz e algas, com recheio de peixe
Tempura	empanados de legumes ou camarões, fritos sem gordura
Teppan-yaki	frango ou carne grelhados com talharim e legumes
Tiella	camadas de batatas, arroz, legumes e carne, assados
Tiramisù	sorvete italiano de chocolate com creme
Tórcolo	biscoito perugino duro, poroso, de amêndoas (Itália)
Tonkatsu	molho de cenoura, cebola, gergelim... batidos com saquê
Tortilla	fritada espanhola, quente ou fria, de ovos com batatas
Tucupi	molho do suco fervido da mandioca (água de goma)
Tutu	pasta de feijão cozido sem caldo, da cozinha mineira

Udom	talharim chinês no caldo temperado
Vatapá	peixe e camarão, em creme de coco, amendoim e dendê
Velouté	creme de ervilhas etc., com manteiga e creme de leite
Vinagrete	molho de vinagre, pimenta, óleo e outros ingredientes
Wasabi	molho japonês à base de raiz forte
Waterzoï	ensopado de frango com cenoura e alho-poró (Bélgica)
Yakisoba	macarrão (*hirotani*) com legumes, na chapa
Yuk-whe	bife tártaro coreano bem temperado
Zabaglione	doce de gema de ovo batida com vinho Marsala doce
Zampone	*linguiça de porco de Módena com lentilha e batatas*

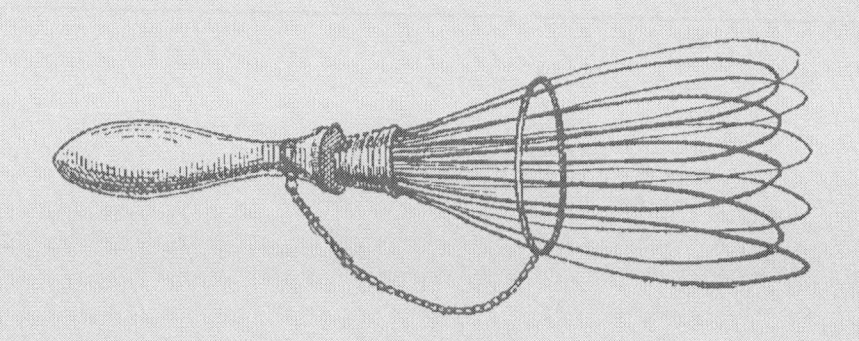

Bibliografia

ALZER, Celio; BRAGA, Danio. *Tradição, Conhecimento e Prática dos Vinhos*. Rio de Janeiro: José Olympio Editora, 2005.

ANDERSON, Burton. *The Simon and Schuster Pocket Guide to Italian Wines*. Londres: Mitchell Beazley Publishers, 1982.

AZEVEDO, Ticiana; GAYOSO, Ana Carolina. *Sushi Leblon*. Rio de Janeiro: Senac, 2006.

BORGES, Euclides Penedo. *ABC Ilustrado da Vinha e do Vinho*. Rio de Janeiro: Mauad, 2004.

BORGES, Euclides Penedo. *110 Curiosidades sobre o Mundo dos Vinhos*. Rio de Janeiro: Mauad, 2005.

BOSSI, Giancarlo. *Teoria e Pratica della Degustazione dei Vini*. Castelvetro, Itália: Edizioni Dyanthus, 1988.

BRASCÓ, M.; CUCCORESE, M.; CHECA, E. *1.000 Vinos Argentinos*. Buenos Aires: Producciones Publiexpress, 2004.

BUJAN, J.; ARTAJONA, J. *Vino y Gastronomia* – Cuadernos Freixenet. Barcelona: Rubes Editorial, 2000.

CARR, Sandy. *Guia de los Quesos* – Guías de Bolsillo Folio. Barcelona: Ediciones Folio, 1983.

CARVALHO, Bento de. *Guia dos Vinhos Portugueses*. Lisboa: Editorial Presença, 1982.

COPELLO, Marcelo. *Vinho e Algo Mais*. Rio de Janeiro: Record, 2004.

DOMINGUES, Rico. *Terras Italianas e seus Vinhos*. Goiânia: Editora Terra, 2002.

FREIRE, Renato; NOVAKOSKI, Deise. *Enogastronomia*. Rio de Janeiro: Senac Nacional, 2005.

GALVÃO, Saul. *Tintos e Brancos*. São Paulo: Ática, 1997.

JOHNSON, Hugh. *Guia de Vinhos 2003*. São Paulo: Companhia das Letras, 2002.

LAROUSSE DA COZINHA PRÁTICA. São Paulo: Larousse do Brasil, 2006.

MASTROJANNI, Michel. *Guide des Vins de France*. França: Editions Solar, 1994.

MIOLO, Adriano; MIELE, Alberto. *O Sabor do Vinho Miolo*. Bento Gonçalves (RS): Embrapa, 2003.

PEREZ, Ariel; FUSATTO, Claudia. *Guia de Vinhos Chilenos 2003/2004*. Vitória: Gráfica Espírito Santo, 2004.

PEYNAUD, Émile. *Lê Goût du Vin*. Paris: Éditions Dunod, 1980.

REAL, Mauro Corte. A Arte de Beber Vinhos. Porto Alegre (RS): Sulina, 1984.

SIMON, Joanna. *Vinho e Comida, um guia básico...* São Paulo: Companhia das Letras, 2000.

WALTON, Stuart. *The World Encyclopedia of Wine*. Londres: Lorenz Books, 1996.

OUTRAS REFERÊNCIAS

JORNAL BON VIVANT. *Editor:* Adolfo Lona, RS.

JORNAL VINHO & CIA. *Editor:* Regis Gehlen de Oiveira, SP.

REVISTA ADEGA. *Editor:* Marcelo Copello, SP.

REVISTA ALTA GASTRONOMIA. *Editor:* Paulo Milreu, SP.

REVISTA GULA. *Diretor:* J. A. Dias Lopes, SP.

REVISTA VINHO MAGAZINE. *Diretor:* Eduardo Viotti, SP.

REVISTA WINE STYLE. *Editor:* Artur Azevedo, SP.

Características deste Livro
Formato: 16 x 23cm
Mancha: 10,5 x 17cm
Tipologias: Minion, Goudy Handtooled
Papel do miolo: ofsete 90g
Papel da capa: cartão 250g
1ª edição: 2007
Atualização ortográfica: 2015

Para saber mais sobre nossos títulos
e autores, visite o nosso site:
www.mauad.com.br

Este livro, da *MAUAD Editora*,
foi impresso na gráfica Sermograf.